D1728456

Serie coordonată de
DENISA COMĂNESCU

Isabel Allende

CE VREM NOI, FEMEILE?

Despre dragostea nerăbdătoare, viața lungă și ursitoarele bune

Traducere din spaniolă de
CORNELIA RĂDULESCU

Redactor: Ştefania Nalbant
Coperta: Angela Rotaru
Tehnoredactor: Manuela Măxineanu
Corector: Alina Dincă
DTP: Corina Roncea, Veronica Dinu

Lucrare executată la Livco Design

Descrierea CIP a Bibliotecii Naţionale a României
ALLENDE, ISABEL
Ce vrem noi, femeile?: Despre dragostea nerăbdătoare, viaţa lungă
şi ursitoarele bune / Isabel Allende; trad. din spaniolă
de Cornelia Rădulescu. – Bucureşti : Humanitas Fiction, 2020
ISBN 978-606-779-726-8
I. Rădulescu, Cornelia (trad.)
821.134.2

EDITURA HUMANITAS FICTION
Piaţa Presei Libere 1, 013701 Bucureşti, România
tel. 021/408 83 50, fax 021/408 83 51
www.humanitas.ro

Comenzi online: www.libhumanitas.ro
Comenzi prin e-mail: vanzari@libhumanitas.ro
Comenzi telefonice: 0723 684 194

*Pentru Panchita, Paula, Lori, Mana, Nicole
și celelalte femei extraordinare din viața mea*

Nu exagerez spunând că am fost feministă încă de la grădiniță, înainte ca acest concept să ajungă în Chile. M-am născut în 1942, deci vorbim de niște timpuri antice. Cred că revolta mea împotriva autorității masculine își are originea în situația mamei mele, Panchita, pe care soțul a părăsit-o în Peru cu doi plozi în scutece și unul nou-născut în brațe. Ceea ce a silit-o să ceară refugiu în casa părinților ei din Chile, unde mi-am petrecut primii ani ai copilăriei.

Casa bunicilor mei, situată în cartierul Providencia, pe atunci unul rezidențial, însă acum un labirint de prăvălii și birouri, era mare și urâtă, o monstruozitate de ciment, încăperi înalte prin care trăgea curentul, pereți plini de funingine de la sobele pe bază de kerosen, mobilier spaniol făcut să dureze un secol, draperii grele din catifea roșie, portrete oribile ale rudelor răposate și grămezi de cărți pline de praf. Aripa din față a casei era seniorială. Cineva se străduise să confere un aer de eleganță salonului, bibliotecii și sufrageriei – dar erau arareori folosite. Restul casei era regatul dezordonat al bunică-mii, al copiilor (cei doi frați ai mei și cu mine), al slujitoarelor, al celor doi sau trei câini de rasă incertă și al pisicilor pe jumătate sălbăticite care se reproduceau necontrolat sub răcitor; bucătăreasa îneca puii într-un lighean din curte.

Veselia și lumina acestei case au dispărut odată cu moartea prematură a bunicii. Îmi amintesc de copilărie ca de o perioadă de teamă și întuneric.

De ce mi-era frică? Să nu moară mama și să ajungem la orfelinat, să nu mă fure țiganii, să nu-mi apară diavolul în oglindă – n-are rost să continui. Sunt recunoscătoare acestei copilării nefericite pentru că mi-a dat material pentru scris. Nu știu cum se descurcă romancierii care au avut o copilărie fericită într-un cămin normal...

La o vârstă foarte fragedă mi-am dat seama că mama se afla în dezavantaj față de bărbații familiei. Se măritase împotriva voinței părinților, dăduse greș, așa cum o preveniseră, își anulase căsătoria – singura soluție posibilă într-o țară în care divorțul a fost legalizat de-abia în 2004. Nu avea pregătire ca să muncească, nici bani, nici libertate, era calul de bătaie al gurilor rele pentru că mai era și tânără, frumoasă și cochetă, nu numai despărțită de bărbat.

Oful meu împotriva machismului a început în anii aceia ai copilăriei, văzându-le pe mama și pe slujnicele din casă ca pe niște victime, subordonate și lipsite de glas, prima pentru că sfidase convențiile, celelalte pentru că erau sărace. Firește că pe atunci nu înțelegeam asta, explicația am găsit-o la cincizeci de ani, la terapie, dar chiar și așa, nerațional, sentimentul de frustrare era atât de puternic, încât m-a marcat definitiv cu o obsesie pentru dreptate și o respingere viscerală a machismului. Acest resentiment trecea drept aberant în familia mea, care se considera intelectuală și modernă, însă în acord cu ideile de azi, era de-a dreptul paleolitică.

Panchita m-a dus pe la doctori ca să vadă ce pățisem, poate aveam colici sau tenie. Firea mea încăpățânată și sfidătoare, care la frații mei era aprobată ca o trăsătură esențială de bărbăție, în cazul meu era o patologie. Și nu se întâmplă așa mereu? Fetițelor li se refuză dreptul de a se supăra și a da din picioare.

9

Psihologi existau în Chile, poate chiar și specialiști în psihologia copilului, însă, în acea perioadă dominată de tabuuri, la ei apelau doar nebunii incurabili, iar în familia mea nici aceia: țicniții noștri erau suportați în privat și gata. Mama mă ruga să fiu mai discretă: „Nu știu de unde îți vin ideile astea, vezi să n-ajungi să ți se zică bărbățoi", dar nu mi-a lămurit semnificația cuvântului.

Avea dreptate să fie îngrijorată. La șase ani, măicuțele germane mă dăduseră afară pentru că eram neascultătoare, un preludiu pentru ce avea să fie traiectoria mea viitoare. Acum cred că motivul real era că Panchita era în fața legii mamă singură cu trei copii. Ceea ce n-ar fi trebuit să le scandalizeze — majoritatea copiilor din Chile se nasc în afara mariajului —, dar nu și în clasa socială din care făceau parte elevele acelei școli.

Decenii la rând m-am gândit la mama ca la o victimă, dar am învățat că definiția victimei se referă la cineva care e lipsit de control și putere asupra propriilor circumstanțe, și nu cred că era cazul ei. Sigur că mama părea încorsetată, vulnerabilă, uneori disperată, însă situația ei s-a schimbat mai târziu, când l-a cunoscut pe tatăl meu vitreg și au început să călătorească prin lume. Ar fi putut cere mai multă independență și să trăiască așa cum dorea, ar fi putut să-și dezvolte uriașul ei potențial în loc să se supună, dar părerea mea nu contează, pentru că eu fac parte din generația feminismului și am avut șanse pe care ea nu le-a avut.

Alt lucru pe care l-am învățat la cincizeci de ani la terapie e că în mod sigur lipsa tatălui în copilărie a contribuit și ea la revolta mea. Mi-a luat mult timp să-l accept pe „unchiul Ramón", cum i-am zis mereu bărbatului cu care Panchita și-a unit viața când aveam vreo unsprezece ani, și să pricep că nu puteam avea un tată mai bun decât el. Am înțeles asta când s-a născut fiica mea Paula și el a fost literalmente topit după ea (sentimentul a fost reciproc), atunci am văzut latura tandră, sentimentală și jucăușă a acestui tată vitreg căruia îi declarasem război. Mi-am petrecut adolescența detestându-l și punându-i la îndoială autoritatea, dar cum el era un optimist invincibil, nici nu și-a dat seama. Din punctul lui de vedere, am fost mereu o fiică exemplară. Unchiul Ramón avea o memorie atât de proastă pentru tot ce era negativ, încât la bătrânețe îmi zicea Angélica – al doilea nume pe care îl port – și mă ruga să dorm pe o parte ca să nu-mi strivesc aripile. A ținut-o așa până la sfârșit, când demența și oboseala unei vieți întregi l-au redus la umbra celui ce fusese.

Cu timpul, unchiul Ramón a devenit prietenul și confidentul meu cel mai bun. Era vesel, poruncitor, orgolios și machist, deși nega aducând argumentul că nimeni nu era mai respectuos cu femeile decât el. N-am reușit să-i explic exact în ce consta teribilul său machism. Își părăsise nevasta cu care avea patru copii și n-a obținut nulitatea matrimonială care i-ar fi permis să legalizeze legătura cu mama, ceea ce nu i-a împiedicat să trăiască împreună timp de șaptezeci de ani, mai întâi în scandal și bârfe, apoi fără ca lumea să se opună legăturii lor, pentru că obiceiurile se relaxaseră și, în lipsa posibilității divorțului legal, cuplurile se formau și se desfăceau fără birocrație.

Panchita suferea de pe urma defectelor partenerului ei în aceeași măsură în care îi admira calitățile. Și-a asumat rolul de nevastă dominată și adesea furioasă, căci se simțea incapabilă să-și crească copiii singură. A fi întreținută și protejată avea un preț inevitabil.

De tatăl meu biologic nu mi-a fost niciodată dor și nici n-am fost curioasă să-l cunosc. Pentru a-i concede nulitate matrimonială Panchitei a pus condiția să nu se ocupe de copii și a dus-o la extrem: nu ne-a mai văzut niciodată. În rarele ocazii când numele îi era pomenit în familie (era un subiect evitat de toată lumea), pe mama o apuca o migrenă cumplită. Mi s-a spus doar că era extrem de inteligent și că mă iubise mult, mă punea să ascult muzică clasică și-mi arăta albume de artă, astfel că la doi anișori eram în stare să identific pictorii: el rostea Monet sau Renoir, iar eu deschideam la pagina cu pricina. Mă îndoiesc. N-aș putea-o face nici acum, în deplinătatea facultăților mele. Oricum, dat fiind că asta se întâmpla înainte de a fi împlinit trei ani, nu-mi amintesc nimic, însă dezertarea subită a tatălui m-a marcat. Cum să ai încredere în bărbați, care azi te iubesc și mâine dispar în ceață?

13

Plecarea tatălui meu nu era ceva excepțional. În Chile, stâlpul familiei și al comunității e femeia, mai ales în mediul muncitoresc, unde tații vin și pleacă și adesea dispar uitându-și copiii. În schimb, mamele sunt copaci cu rădăcini adânci. Au grijă de copiii proprii și, dacă e nevoie, și de ai altora. Sunt atât de puternice și de organizate, încât se spune că Chile e un matriarhat – o spun fără a se rușina până și tipii cei mai cavernicoli –, dar e departe de a fi adevărat. Bărbații dețin puterea politică și economică, fac legile și le aplică după bunul lor plac, iar dacă e cazul, intervine Biserica, cu binecunoscutul ei stil patriarhal. Femeile conduc doar acasă... uneori.

Recent, într-unul dintre acele interviuri care mă enervează, pentru că constau într-un tir de întrebări banale la care trebuie să răspunzi la iuțeală, ca la un examen psihologic dificil, a trebuit să spun în două secunde cu care dintre personajele romanelor mele mi-ar fi plăcut să cinez. Dacă m-ar fi întrebat cu care persoană reală, aș fi zis fără să stau pe gânduri: cu Paula, fiica mea, și cu Panchita, mama mea, două spirite care se află tot timpul în preajma mea, dar era vorba de un personaj literar. N-am putut răspunde pe loc pentru că am scris mai bine de douăzeci de cărți și mi-ar fi drag să stau la masă cu aproape toți protagoniștii mei, atât femei, cât și bărbați; după ce m-am gândit mai bine, m-am hotărât că aș invita-o pe Eliza Sommers, tânăra din *Fiica norocului*. În 1999, când m-am dus în Spania pentru lansare, un jurnalist isteț a spus că romanul meu era o alegorie a feminismului. Avea dreptate, deși, sincer, nu la asta mă gândisem.

La jumătatea secolului al XIX-lea, în plină epocă victoriană, Eliza Sommers e o adolescentă strânsă în corset și închisă în casă, cu o educație rudimentară și lipsită de drepturi, menită a se căsători și a face copii, dar părăsește siguranța căminului și pleacă din Chile în California, care era în plină febră a aurului. Ca să supraviețuiască se îmbracă bărbătește și învață să se descurce singură într-un mediu hipermasculin dominat de lăcomie, ambiție și violență. După ce învinge nenumărate obstacole și pericole, se îmbracă din nou în rochie, dar nu-și mai pune corset. A dobândit libertatea și nu va renunța la ea.

Sigur că traiectoria Elizei se poate compara cu emanciparea femeilor, care au luat cu asalt lumea bărbaților. A fost nevoie să ne purtăm ca ei, să le învățăm tacticile și să intrăm în competiție. Îmi aduc aminte de perioada când, ca să fie luate în serios, funcționarele purtau pantaloni, sacou, unele chiar și cravată. Acum nu mai e nevoie, ne putem exercita puterea de pe malul feminității. Ca și Eliza, am dobândit libertate și luptăm mai departe ca s-o păstrăm, s-o lărgim și să facem să ajungă la toate femeile. Asta i-aș spune eu Elizei dacă ar veni la cină.

Feminismul sperie pentru că pare foarte radical sau pentru că e interpretat ca fiind ura împotriva bărbaților, așa că înainte de a merge mai departe trebuie să lămuresc câteva lucruri. Să începem cu termenul „patriarhat".

Definiția mea diferă un pic de cea din Wikipedia sau din Dicționarul Academiei Regale. La origine, însemna supremația absolută a bărbatului asupra femeii, asupra altor specii și a naturii, însă mișcarea feministă a subminat această putere absolută în unele aspecte, chiar dacă în altele a rămas la fel ca acum mii de ani. Deși multe din legile discriminatorii s-au schimbat, patriarhatul continuă să fie sistemul dominant de opresiune politică, economică, culturală și religioasă care conferă putere și privilegii sexului masculin. În afară de misoginie (aversiune față de femei), sistemul include diferite forme de excludere și agresiune: rasism, homofobie,

17

clasism, xenofobie, intoleranţă faţă de idei şi persoane diferite. Patriarhatul se impune prin agresiune, cere obedienţă şi pedepseşte pe oricine îndrăzneşte să sfideze.

Şi în ce constă feminismul meu? Nu e vorba despre ce avem între picioare, ci între cele două urechi. Este vorba de o postură filozofică şi de o revoltă împotriva autorităţii bărbaţilor. Este o modalitate de a înţelege relaţiile umane şi de a vedea lumea, este un pariu pentru dreptate, o luptă pentru emanciparea femeilor, homosexualilor, lesbienelor, transsexualilor (LGBTIQ+), a tuturor oprimaţilor sistemului şi a celor care vor să se alăture. Supertare!, cum zic tinerii de azi: cu cât mai mulţi, cu atât mai bine.

Când eram tânără mă luptam pentru egalitate, voiam să iau parte la jocul bărbaţilor, dar la maturitate am înţeles că jocul acela e o nebunie, distruge planeta şi ţesătura morală a omenirii. Nu trebuie să repetăm dezastrul, ci să-l reparăm. Fireşte, mişcarea se confruntă cu forţe reacţionare puternice, precum fundamentalismul, fascismul, tradiţia şi multe altele. Mă deprimă să constat că printre cei care se opun se numără multe femei care se tem de schimbare şi nu-şi pot imagina un viitor diferit.

Patriarhatul e dur ca o stâncă. Feminismul, precum oceanul, e fluid, puternic, profund, are complexitatea infinită a vieţii, se mişcă în valuri, curenţi, maree, uneori în furtuni furioase. La fel ca oceanul, feminismul nu tace.

Nu, când taci nu ești mai frumoasă.
Ești superbă când lupți,
când te bați pentru ce-i al tău,
când nu taci
și vorbele tale mușcă,
când deschizi gura
și totul arde în jurul tău.

Nu, când taci nu ești mai frumoasă,
doar un pic mai moartă,
și dacă știu ceva despre tine
este că n-am văzut pe nimeni
niciodată
mai însetat de viață
decât tine.

Strigând.

MIGUEL GANE,
„Arde"

Încă de mică am știut că trebuie să am grijă de mama și să-mi câștig pâinea cât mai curând. Idee întărită de mesajul bunicului, care, fiind patriarhul indubitabil al familiei, a înțeles dezavantajul de a fi femeie și a vrut să-mi ofere armele necesare pentru a nu depinde niciodată de nimeni. Mi-am petrecut primii unsprezece ani sub tutela sa, am revenit la el la șaisprezece, când unchiul Ramón ne-a trimis pe toți, cei trei copii, înapoi în Chile. Pe atunci eram în Liban, unde el era consul, iar în 1958 a izbucnit o criză politică și religioasă care amenința să se transforme într-un război civil. Frații mei au intrat la o școală militară din Santiago, eu m-am întors la bunicul.

Bunicul meu Agustín a început să muncească de la paisprezece ani, după moartea tatălui său, care lăsase familia lipsită de protecție. Pentru el, viața a însemnat disciplină, trudă și responsabilitate.

Ținea capul sus: onoarea în primul rând. Am crescut la școala sa stoică: să evit ostentația și risipa, să nu mă plâng, să suport, să fac treabă, să nu-mi pierd speranța, să nu aștept nimic, să mă întrețin singură, să-i ajut pe ceilalți fără să mă împăunez cu asta.

L-am auzit nu doar o dată spunând următoarea poveste: un om avea un singur fiu pe care-l iubea ca pe ochii din cap. Când băiatul a împlinit doisprezece ani, tatăl i-a spus să sară fără frică de la balconul de la etajul doi c-o să-l prindă el. Băiatul l-a ascultat, dar tatăl și-a încrucișat brațele și l-a lăsat să-și rupă niște oase. Morala acestei istorioare crude este că nu trebuie să ai încredere în nimeni, nici măcar în tatăl tău.

În ciuda rigidității sale, bunicul era foarte iubit pentru că era generos și serviabil. Eu îl adoram. Îmi amintesc de părul lui alb, de râsul lui zgomotos care îi lăsa la vedere dinții îngălbeniți, de degetele răsucite de artrită, de simțul umorului și de faptul irefutabil, deși niciodată recunoscut, că eram nepoata lui preferată. Firește, ar fi preferat să fiu băiat, dar s-a resemnat să mă iubească și așa, pentru că-i aminteam de soția sa, bunica mea Isabel, de la care am moștenit numele și expresia ochilor.

Î n adolescență era limpede că nu-mi găseam locul nicăieri; bietul meu bunic a trebuit să ducă o adevărată luptă cu mine. Nu că aș fi fost leneșă sau obraznică, dimpotrivă, eram o elevă foarte bună și mă conformam regulilor fără să protestez, dar trăiam într-o stare de furie stăpânită care nu se manifesta dând din picioare sau trântind ușile, ci printr-o tăcere acuzatoare. Eram un ghem de complexe; mă simțeam urâtă, neputincioasă, invizibilă, prinsă într-un prezent deformat și foarte singură. Nu făceam parte din nici un grup, mă simțeam diferită și exclusă. Combăteam singurătatea citind cu lăcomie și scriindu-i zilnic mamei, care din Liban ajunsese în Turcia. Îmi scria și ea, n-avea importanță că misivele ajungeau cu săptămâni de întârziere. Astfel a început corespondența noastră care avea să țină mereu.

De mică am fost conștientă de nedreptățile lumii. Îmi amintesc că, în copilăria mea, menajerele munceau zi-lumină, nu ieșeau mai deloc, câștigau extrem de puțin și dormeau în niște cămăruțe fără geam, doar cu un pat și o comodă hărtănită drept mobilier. (Asta se întâmpla în anii '40 și '50, în prezent sigur că în Chile lucrurile nu mai stau așa). În adolescență, înflăcărarea mea pentru dreptate era atât de mare, încât în timp ce colegele mele se preocupau să fie cochete și să-și găsească un logodnic, eu predicam socialismul și feminismul. E de înțeles de ce nu aveam prietene. Mă indigna inegalitatea, care în Chile era uriașă în materie de clasă socială, oportunități și câștiguri.

Discriminarea majoră o suportau cei săraci – mereu este așa –, dar pe mine mă apăsa ce îndurau femeile, că din sărăcie mai ieși, dar niciodată din predeterminarea de gen. Pe atunci nimeni nu se gândea să-și schimbe sexul! Și deși am avut activiste care au dobândit votul pentru femei și alte drepturi, au îmbunătățit educația, au participat la politică, sănătatea publică, știință și artă, ne aflam la ani-lumină de mișcările feministe din Europa și Statele Unite. În mediul meu, nimeni nu vorbea despre situația femeilor, nici acasă, nici la școală, nici în presă, așa că nu știu de unde am ajuns la o astfel de conștiință în epoca aceea.

Dați-mi voie să fac o scurtă digresiune despre inegalitate. Până în 2019, Chile era văzută ca oaza Americii Latine: o țară prosperă și stabilă într-un continent zguduit de schimbări politice și violență. Pe 18 octombrie a acelui an, țara și lumea întreagă au fost surprinse de izbucnirea furiei populare. Cifrele economice optimiste nu indicau distribuția resurselor și nici faptul că inegalitatea din această țară este una dintre cele mai mari din lume. Modelul economic al neoliberalismului extrem, impus de dictatura generalului Pinochet în anii '70 și '80, a privatizat aproape tot, inclusiv serviciile de bază precum apa potabilă, și a dat mână liberă capitalului în timp ce mâna de lucru era oprimată cu duritate. Urmarea a fost un *boom* economic care a ținut o vreme și a permis îmbogățirea peste măsură a unei minorități, în timp ce restul populației trăiește pe credit. Sigur că sărăcia a ajuns la mai puțin de 10%, dar asta nu indică sărăcia extinsă și disimulată a clasei medii inferioare, a muncitorimii și a pensionarilor cu pensii mizerabile. Nemulțumirile s-au acumulat preț de treizeci de ani.

În lunile care au urmat acelui octombrie 2019, milioane de oameni au ieșit în stradă în toate orașele importante din țară, au protestat mai întâi pașnic, apoi au început actele de vandalism. Poliția a reacționat cu o brutalitate nemaivăzută din perioada dictaturii.

Mișcării de protest, care nu avea lideri vizibili și nu era legată de vreun partid politic, i s-au alăturat diverse sectoare ale societății care-și aveau propriile revendicări: de la populațiile băștinașe până la studenți, sindicate, bresle și, firește, grupări feministe.

„Vei avea parte de multă agresivitate și vei plăti un preț foarte mare pentru ideile tale", mă avertiza mama, îngrijorată. Cu firea mea, n-aveam să-mi găsesc un bărbat, iar cel mai rău era să rămâi fată bătrână, etichetă care se aplica după vârsta de douăzeci și cinci de ani. Trebuia să mă grăbesc. Ideea era să mă străduiesc să prind în laț un logodnic și să mă mărit rapid, înainte ca alte fete mai istețe să pună gheara pe partidele cele mai bune. „Și pe mine mă enervează machismul, Isabel, dar ce să-i faci, așa e lumea și așa a fost mereu", îmi spunea Panchita. Cititoare asiduă, învățasem din cărți că lumea se schimbă neîncetat și că omenirea evoluează, numai că schimbările nu vin singure, se obțin cu multă luptă.

Sunt nerăbdătoare de felul meu; înțeleg acum că voiam s-o injectez pe mama cu feminism împotriva voinței ei, neluând în calcul că ea venea din

26

altă epocă. Eu aparțin generației de tranziție între mamele și fiicele și nepoatele noastre, o generație care a imaginat și a impulsionat cea mai importantă revoluție a secolului XX. Zic unii că Revoluția rusă din 1917 a fost cea mai importantă, dar cea feministă a fost mai profundă și de durată, a angrenat o jumătate din omenire, s-a extins și a atins milioane și milioane de suflete și reprezintă speranța cea mai solidă că civilizația în care trăim poate fi înlocuită cu alta mai evoluată. Vorbele astea o fascinau și o îngrozeau pe mama. Fusese crescută cu altă axiomă a bunicului meu Agustín: mai bun e răul cunoscut decât binele necunoscut (omul prevenit face cât doi).

Poate credeți că mama era un fel de matroană convențională tipică generației și clasei ei sociale. Nici gând. Panchita nu se încadra în tiparul clasic al doamnelor din mediul său. Nu se temea pentru mine din pudibonderie sau pentru că era demodată, ci din dragostea pe care mi-o purta și bazându-se pe propria experiență. Sunt sigură că, fără măcar să știe, a sădit în mine sămânța revoltei. Deosebirea dintre noi este că ea nu a putut duce viața pe care și-ar fi dorit-o – la țară, înconjurată de animale, pictând și făcând plimbări lungi – și s-a pliat după dorințele bărbatului ei, care hotăra, uneori fără s-o consulte, destinațiile diplomatice și i-a impus un stil de viață urban și gregar. Au avut o dragoste foarte lungă, dar conflictuală, printre altele și pentru că profesia lui avea exigențe care erau contrare sensibilității ei. În schimb, eu am fost independentă de foarte tânără.

Panchita s-a născut cu douăzeci de ani înaintea mea și n-a apucat să crească pe valul feminismului. A înțeles conceptul și cred că și-l dorea, măcar în teorie, numai că cerea prea mult efort. I se părea o utopie periculoasă care putea să mă distrugă. Aveau să treacă aproape patruzeci de ani până să vadă că, departe de a mă distruge, mă călise și-mi permisese să fac aproape tot ce-mi propusesem. Prin mine, Panchita și-a văzut unele visuri împlinite. Nu multe fiice au avut șansa să trăiască viața pe care mamele lor n-au putut-o trăi.

Într-una dintre lungile noastre discuții purtate la vârsta adultă, după ce avusesem parte de multă luptă, de câteva eșecuri și de anumite izbânzi, i-am spus Panchitei că da, cunoscusem destulă agresivitate, așa cum mă avertizase, dar pentru fiecare lovitură primită am răspuns cu două. Nici n-aș fi putut face altfel, pentru că furia mea din copilărie n-a făcut decât să sporească cu timpul; nu am acceptat niciodată rolul feminin limitat pe care mi-l rezervau familia, societatea, cultura și religia. La cincisprezece ani m-am îndepărtat definitiv de Biserică, nu pentru că n-aș fi crezut în Dumnezeu – asta a venit mai târziu, ci pentru machismul inerent oricărei organizații religioase. Nu pot fi membră a unei instituții care mă consideră persoană de rangul doi și ale cărei autorități, întotdeauna bărbați, își impun regulile cu forța dogmei și se bucură de impunitate.

M-am definit ca femeie în felul meu, în termenii mei, cumva orbește. Nimic nu era limpede, pentru că n-am avut modele pe care să le imit decât mai târziu, când am început să lucrez ca jurnalistă. Deciziile mele nu erau raționale sau conștiente, ci dictate de impulsivitate. „Prețul plătit pentru o viață dedicată feminismului a fost un chilipir, mamă, l-aș plăti oricând chiar de-ar fi de o mie de ori mai mare", i-am mai spus atunci.

A sosit clipa când nu mi-am mai putut trece sub tăcere ideile înaintea bunicului, și am avut o adevărată surpriză. Bătrânul orgolios de origine bască, demodat, catolic, căpos și minunat, un adevărat domn, din cei care trag scaunul doamnelor și le deschid ușa, a fost scandalizat de teoriile nepoatei, dar cel puțin s-a arătat dispus să o asculte, cu condiția să nu ridice glasul; o domnișoară trebuie să aibă maniere și ținută. A fost mai mult decât puteam spera și mai mult decât am putut obține de la unchiul Ramón, mai tânăr cu o generație decât bunicul Agustín, dar deloc interesat de obsesiile unei mucoase și cu atât mai puțin de feminism.

Lumea unchiului Ramón era perfectă; bine co-coțat pe stinghia de sus a cotețului găinilor, nu avea a pune la îndoială regulile. Făcuse școala la iezuiți, drept care nimic nu-i făcea mai multă plăcere decât o discuție ca la carte: să argumenteze, să contrazică, să convingă, să câștige... un deliciu! Cu mine discuta orice, de la suferințele lui Iov (cel din Biblie), pe care Dumnezeu și diavolul l-au pus la încercare (un tont, după el, un sfânt, după mine), până la Napoleon (pe care el îl admira, dar pe mine mă enerva). La sfârșit ieșeam umilită, pentru că nu era chip că-l bați la scrima intelectuală deprinsă la iezuiți. Subiectul machismului îl plictisea, despre asta nu vorbeam.

Odată, pe când eram în Liban, i-am povestit unchiului Ramón despre Shamila, o fată din Pakistan internă la școala la care învățam și care plângea pentru că trebuia să plece acasă în vacanță. La colegiul englezesc învățau fete protestante, catolice, maronite, evreice şi câteva musulmane, ca Shamila. Îmi spusese că mama ei murise şi că tatăl o trimisese departe de ţară pentru că era singura fată şi se temea „să nu se strice". Un pas greşit al fiicei ar fi însemnat dezonoarea familiei şi se spăla numai cu sânge. Virginitatea Shami lei era mai preţioasă decât viaţa ei.

Ajunsă acasă, însoţită de guvernantă, tatăl, foarte tradiţionalist, a fost îngrozit de purtările occidentale pe care fiică-sa le deprinsese la internat. O fată cuminte şi neprihănită îşi acoperă chipul, nu are voie să te privească în ochi, să iasă singură, să asculte muzică, să citească şi să vorbească cu cineva de sex opus; în plus, e proprietatea tatălui. Shamila, care avea paisprezece ani, a îndrăznit să pună sub semnul întrebării intenţia tatălui de a o mărita cu un bărbat cu treizeci de ani mai mare ca ea, un negustor pe care nici nu-l văzuse. A primit o bătaie şi a fost închisă în casă pe timpul celor două luni de vacanţă. Bătăile s-au repetat până i-au frânt voinţa. S-a întors la colegiu să-şi primească diploma şi să-şi strângă lucrurile; slabă, încercănată şi amuţită; era umbra celei care fusese.

Am apelat la unchiul Ramón pentru că-mi venise ideea că, pentru a se elibera de soartă, Shamila trebuia să fugă şi să ceară azil la consulatul chilian. „În nici un caz. Ia imaginează-ţi scandalul internaţional care s-ar isca dacă aş fi acuzat că am luat o minoră de sub tutela familiei. Asta echivalează cu o răpire. Regret situația colegei tale, dar n-ai cum s-o ajuți. Zi mersi că nu e lumea ta", a fost reacția sa, după care m-a sfătuit să îmbrățișez o cauză mai puțin ambițioasă decât schimbarea culturii seculare din Pakistan.

Apropo, căsătoria prematură și obligatorie se mai practică și acum în țări precum Yemen, Pakistan, India, Afganistan și unele din Africa, de regulă în zonele rurale, dar și în Europa printre imigranți și în Statele Unite în cadrul anumitor grupări religioase, cu consecințe fizice și psihice dramatice pentru acele copile. Activista Stephanie Sinclair și-a dedicat o parte din viață documentării acestui subiect, cu fotografii de fetițe măritate cu forța cu bărbați de vârsta tatălui sau bunicului și de mame la pubertate, înainte ca trupul lor să fie pregătit pentru sarcină și maternitate. (Puteți găsi lucrările ei aici: http://stephaniesinclair.com/.)

Pentru bunicul, relația de cuplu era simplă: bărbatul procură, protejează și poruncește, femeia slujește, îngrijește și ascultă. Drept care susținea că o căsnicie e foarte convenabilă pentru bărbați, dar o afacere proastă pentru femei. Își depășea epoca; în prezent s-a demonstrat că cei mai fericiți sunt bărbații însurați și femeile necăsătorite. Când a condus-o pe fiica sa, Panchita, la altar i-a repetat a nu știu câta oară că mai avea timp să se răzgândească, să-l lase baltă pe mire și să trimită politicos invitații acasă.

Două decenii mai târziu, când m-am măritat, mi-a spus același lucru.

În ciuda atitudinii sale atât de radicale în ce privește căsătoria, bunicul era cât se poate de tradiționalist în ce privește respectul pentru feminitate. Cine determină ceea ce impun tradiția și cultura? Bărbații, firește, iar femeile acceptă fără să pună la îndoială. Bunicul pretindea că trebuie să fii o „doamnă" în orice împrejurare. N-are sens să insist ce semnificație avea termenul „doamnă" în familia mea, e complicat, ajunge să spun că exemplul sublim ar putea fi impasibila, amabila și distinsa regină Elisabeth a Angliei, care în anii '60 era foarte tânără, dar deja se purta impecabil, cum avea s-o facă în lunga ei viață. În fine, asta arată în public. Bătrânului i se părea ceva nepotrivit ca femeile – cu atât mai mult cele de vârsta mea – să-și exprime părerile, care probabil nu interesau pe nimeni. Părerile mele despre feminism intrau în această categorie.

Am reușit cumva să-l fac să citească *Al doilea sex* de Simone de Beauvoir și ceva articole pe care le semănam prin casă, pe care el se prefăcea că le ignoră, dar le răsfoia pe furiș. Prozelitismul meu îl enerva, totuși îmi suporta bombardamentul verbal despre suferința disproporționată a femeilor în materie de sărăcie, sănătate și educație, traficul de persoane, războiul, dezastrele naturale și încălcările drepturilor omului. „De unde scoți tu datele astea?", mă întreba suspicios. Sincer, n-aș putea spune, căci sursele mele erau firave; lipseau patruzeci de ani până să se inventeze Google.

„Nu-i supăra pe tataia și pe unchiul Ramón, Isabel, mă ruga mama, totul se poate face mai discret și fără atâta tam-tam". Numai că feminism fără tam-tam nu se poate, cum aveam să constatăm mai târziu.

Primul meu serviciu a fost de secretară; aveam șaisprezece ani și copiam statistici forestiere. Cu prima leafă i-am cumpărat mamei niște cercei cu perle, apoi am început să economisesc în vederea măritișului, căci, în ciuda pronosticurilor fataliste, mi-am găsit un logodnic. Miguel studia ingineria, era înalt, timid și pe jumătate străin: mama sa era englezoaică, avea un bunic neamț și de la șapte ani fusese intern la un colegiu englezesc unde i se inculcaseră cu biciul iubirea pentru Marea Britanie și virtuțile victoriene prea puțin practicate în Chile.

M-am agățat de el cu disperare, căci era chiar un tip de treabă, eu sunt romantică, eram îndrăgostită și, în contradicție cu predicile mele feministe, mi-era frică să nu rămân fată bătrână. Mama a răsuflat ușurată, bunicul l-a avertizat pe băiat că va avea de furcă cu mine dacă nu mă îmblânzește ca pe cai. Pe mine m-a întrebat pe un ton sarcastic dacă într-adevăr aveam de gând să țin legământul de fidelitate, respect și obediență până ce moartea ne va despărți.

Am avut cu Miguel doi copii, pe Paula și pe Nicolás. A fost un efort uriaș să-mi joc rolul de soție și mamă. Refuzam să recunosc că muream de plicriseală; mintea parcă mi se lichefiase. Îmi impuneam mii de treburi și alergam de colo-colo ca o nebună ca să nu gândesc prea mult. Îmi iubeam bărbatul și-mi amintesc de primii ani ai copiilor mei ca de o perioadă fericită, deși pe dinăuntru ardeam de nerăbdare.

Totul s-a schimbat când am început să colaborez ca jurnalistă la *Paula*, o revistă feminină/ feministă abia apărută pe piață. Denumirea n-are nici o legătură cu fiica mea, era un nume la modă pe atunci. Directoare era Delia Vergara, o ziaristă tânără și frumoasă, care trăise o vreme în Europa și avea o viziune foarte limpede despre genul de publicație pe care-l dorea, drept care și-a format mica echipă. Revista m-a salvat de sufocare și frustrare.

Eram doar patru femei de douăzeci și ceva de ani, pornite să scuturăm ipocrizia *chilensis*. Trăiam într-o țară foarte conservatoare socialmente și cu o mentalitate provincială, unde obiceiurile erau neschimbate din secolul trecut. Căutam inspirație în reviste și cărți din Europa și America de Nord. Le citeam pe Sylvia Plath și pe Betty Friedan, apoi pe Germaine Greer, Kate Millett și alte scriitoare care ne-au ajutat să ne cizelăm ideile și să le exprimăm în mod elocvent.

Eu am optat pentru umor, intuind repede că ideile cele mai îndrăznețe sunt acceptabile dacă te fac să zâmbești. Astfel a apărut rubrica mea *Civilizează-ți trogloditul*, care ridiculiza machismul și, ironia sorții, era foarte populară printre bărbați. „Am un amic aidoma trogloditului tău", îmi spuneau. Sigur, un amic... În schimb, destule cititoare se simțeau amenințate: rubrica mea zguduia bazele universului lor domestic.

Pentru prima dată m-am simțit bine în pielea mea. Nu eram o lunatică solitară, milioane de femei împărtășeau aceleași neliniști; exista o mișcare de eliberare feminină dincolo de lanțul muntos al Anzilor și revista noastră dorea să o popularizeze în Chile.

De la cărțile intelectualelor străine menționate am învățat că furia fără scop e inutilă, ba chiar dăunătoare; dacă voiam să schimb ceva, trebuia să acționez. Revista *Paula* mi-a oferit ocazia să transform în acțiune neliniștea care mă chinuia încă din copilărie.

Puteam să scriu! Erau sute de tabuuri pe care voiam să le distrugem în paginile revistei direct legate de femei: sexul, banii, legile discriminatorii, drogurile, virginitatea, menopauza, anticoncepționalele, alcoolismul, avortul, prostituția, gelozia etc. Puneam pe tapet concepte sacre precum maternitatea, care cerea sacrificii și abnegație totală din partea unui singur membru al familiei, vorbeam deschis despre secrete precum violența domestică și infidelitatea femeilor, despre care nu se sufla o vorbă, ăsta era un privilegiu masculin, deși un calcul simplu ducea la concluzia că femeile erau la fel de infidele ca bărbații, altminteri cu cine s-ar fi culcat ei? Că doar nu mereu cu același grup de voluntare.

Cele trei colege și cu mine scriam cu cuțitul în dinți; eram un grup de temut. Ce voiam să schimbăm? Nici mai mult, nici mai puțin decât lumea și, cu aroganța tinereții, credeam că asta se putea face în zece-cincisprezece ani. Asta se petrecea acum mai bine de o jumătate de secol – și uite unde suntem încă, dar nu mi-am pierdut speranța, iar colegele mele de atunci, acum la fel de bătrâne ca mine, nu și-au pierdut-o nici ele. Scuzați cuvântul „bătrân", care în ziua de azi pare peiorativ. L-am folosit special, pentru că sunt mândră să fiu așa.

Fiecare an trăit și fiecare rid îmi spun povestea.

Sylvia Plath, activistă și poetă, spunea că tragedia ei cea mai mare era că se născuse femeie. În cazul meu a fost o binecuvântare. Am avut ocazia să particip la revoluția feminină, care, pe măsură ce se consolidează, schimbă civilizația, deși în ritm de melc. Cu cât trăiesc mai mult, cu atât mai bucuroasă sunt că aparțin genului meu, mai ales că i-am născut pe Paula și pe Nicolás; experiența asta esențială, pe care bărbații nu o cunosc, mi-a definit existența. Clipele cele mai fericite din viața mea au fost când i-am ținut la sân abia născuți. Iar cele mai dureroase când am ținut-o în brațe pe Paula muribundă.

Nu mi-a plăcut mereu să fiu femeie, când eram mică voiam să fiu băiat, căci era limpede că pe frații mei îi aștepta un viitor mai interesant decât al meu. Dar hormonii m-au trădat, la doisprezece ani mi s-a marcat talia și mi-au ieșit două prune pe piept, iar atunci mi-am zis că, dacă tot nu pot să fiu bărbat, măcar să trăiesc ca și cum aș fi. Cu tenacitate, eforturi și noroc, am reușit.

Rațional vorbind, nu multe femei ar putea fi atât de mulțumite ca mine de condiția lor feminină, pentru că îndură multă nedreptate, de parcă ar fi vorba de un blestem divin; totuși, în ciuda a tot și a toate, celor mai multe ne place să fim femei. Alternativa ni se pare mai rea. Din fericire, sporește numărul celor care reușesc să învingă limitările impuse. E nevoie de o viziune clară, de o inimă plină de pasiune și de o voință eroică pentru a înfrunta oboseala și eșecurile acestui drum. E exact ceea ce ne străduim să le inculcăm fiicelor și nepoatelor noastre.

Le-am întrebat pe o serie de prietene și cunoș-tințe dacă sunt mulțumite cu genul lor și de ce. O întrebare cam spinoasă în vremurile astea în care conceptul de gen e fluid, dar ca să simplific lucrurile voi folosi termenii de „femeie" și „bărbat". Au rezultat niște discuții deosebit de interesante, însă în cele ce urmează vă dau o mostră foarte limitată.

Intervievatele au spus că le place să fie femei pentru că noi avem capacitate de empatie, suntem mai solidare decât bărbații și mai rezistente. Pentru că naștem copii, suntem pentru viață, nu pentru exterminare. Suntem unica salvare posibilă a celeilalte jumătăți a omenirii. Misiunea noastră e să nutrim; distrugerea e ceva tipic masculin.

Nu au lipsit cele care au contrazis această afirmație spunând că există femei tot atât de rele ca bărbații cei mai răi. Desigur, numai că marii prădători sunt bărbații: 90% din crimele violente sunt comise de bărbați. Oricând și oriunde, atât pe timp de pace, cât și de război, în mediul familial sau de lucru, ei se impun prin forță, lor li se datorează cultura lăcomiei și a violenței în care trăim.

O femeie de vreo patruzeci de ani a pomenit de testosteron, care generează impulsurile de agresivitate, competiție și supremație. Mi-a spus că ginecologa ei i-a prescris acest hormon sub formă de cremă cu care să se ungă pe pântec ca să-și sporească libidoul, dar a renunțat pentru că-i creștea barba și îi venea să calce cu mașina pietonii care traversau. A preferat deci să trăiască cu un libido mai scăzut decât să se radă și să o apuce furiile.

Altele au spus că feminitatea implică dezinvoltură, pe când bărbații sunt antrenați să-și reprime emoțiile, sunt limitați de cămașa de forță a masculinității.

O participantă la acest minisondaj a spus că fiecare bărbat are o mamă care ar fi putut să-l crească pentru a fi mai amabil. I-am amintit că numai feministele de acum ar putea încerca să modeleze mentalitatea fiilor: istoric vorbind, mamele nu s-au putut opune patriarhatului. Acum, în secolul XXI, o femeie supusă, izolată, lipsită de educație, victimă a milenarei tradiții machiste, nu are nici puterea, nici cunoștințele pentru a schimba cutumele.

Eu am putut. Nu am perpetuat machismul crescându-mi copiii ca să poruncească sau să se supună. Așa am făcut și cu Paula, și cu Nicolás. Ce am vrut

44

pentru fiica mea? Să aibă opțiuni și să trăiască fără frică.

Ce am vrut pentru fiul meu? Să fie prietenul femeilor, nu adversarul lor. Nu mi-am supus copiii obiceiului atât de răspândit în Chile în virtutea căruia fetele slujesc bărbații familiei. Văd și acum fete care cresc făcând patul fraților și spălându-le rufele; firește, mai târziu vor deveni slujnicele iubiților și soților.

Nicolás a deprins de mic conceptul de egalitate de gen, iar dacă uitam un amănunt, sora lui avea grijă să-l învețe. În prezent, Nicolás participă activ la fundația mea, vede zilnic consecințele machismului și se străduiește să le diminueze.

Opinia cea mai revelatoare a aparținut Elenei, doamna din Honduras care vine să-mi facă curat o dată pe săptămână. Trăiește cu copiii de douăzeci și doi de ani în State, fără acte, aproape că nu știe engleza și se teme să nu fie deportată ca soțul ei, dar se descurcă și își ține familia. Are de lucru din belșug, pentru că e omul cel mai cinstit și mai responsabil din câți cunosc. Când am întrebat-o dacă îi place să fie femeie a căscat ochii mari: „Da' ce altceva să fiu, donșoară Isabel? Așa m-a făcut Dumnezeu și nu trebuie să mă plâng".

Mica anchetă printre femei mi-a dat ideea să repet întrebarea bărbaților: Vă place că sunteți bărbat, sau ați prefera să aparțineți altui gen? Da? Nu? De ce? Doar că ar ieși vreo cincizeci de pagini, așa că mai bine nu.

Într-o mare parte a lumii trăim într-o cultură obsedată de tinerețe, frumusețe și succes. Femeilor le vine greu să navigheze în aceste ape; pentru majoritatea, se lasă cu un naufragiu sigur. În tinerețe, toate suntem preocupate de frumusețe. Am supraviețuit naufragiului în primii cincizeci de ani de viață, când mă consideram prea puțin atrăgătoare. Cu cine mă comparam? Când lucram la revista *Paula* mă comparam cu colegele mele – erau frumoase –, cu modelele care veneau acolo, cu candidatele la concursul Miss Chile, pe care îl organizam în fiecare an etc. Ce naiba o fi fost în capul meu? Mai târziu am trăit în Venezuela, o țară cu femei voluptuoase și frumoase prin definiție; câștigă toate concursurile internaționale de frumusețe. Dacă vrei să te pricopsești cu un complex de inferioritate pe viață, ajunge să te duci pe o plajă venezueleană.

E imposibil să te încadrezi în ceea ce ne impun publicitatea, piața, arta, mijloacele de comunicare și obiceiurile sociale. Având ca țintă stima noastră de sine destul de scăzută, ne vând produse și ne controlează. Transformarea femeii în obiect e atât de predominantă, că nici nu ne dăm seama, iar în tinerețe ne transformă în sclave. Feminismul n-a reușit să ne scoată din această sclavie. Scăpăm de ea doar cu vârsta, când ne transformăm în ființe invizibile și încetăm să mai fim obiectul dorinței, sau când vreo tragedie ne zguduie până în măduva oaselor și ne confruntă cu ceea ce e fundamental în viață. Cum a fost cu mine la cincizeci de ani, când a murit fiica mea, Paula. De aceea admir feminismul tânăr, care e foarte atent să dărâme stereotipurile.

Refuz să capitulez în fața modelului eurocentric al idealului feminin – tânără, albă, înaltă, slabă etc. –, dar celebrez instinctul nostru de a ne înconjura de frumusețe. Ne împodobim corpul și ambianța. Avem nevoie de armonie, și-atunci producem țesături multicolore, ne pictăm pereții colibei, facem ceramică, broderie, diverse cusături. Artizanat se cheamă această creativitate a femeilor și se vinde ieftin; dacă o fac bărbații se numește artă și se vinde scump, precum banana aceea pe care Maurizio Cattelan a lipit-o cu bandă adezivă de peretele unei galerii din Miami și costa 120 000 de dolari. Dorința de a ne împodobi ne face să cumpărăm tot felul de zdrăngănele și ne creează iluzia că un ruj ne poate ameliora destinul.

Ca şi la alte specii, masculii umani sunt vanitoşi; se împăunează, fac gălăgie şi îşi etalează penajul ca să atragă cele mai grozave femele şi să-şi plaseze sămânţa. Exigenţa biologică a reproducerii e implacabilă. Iar frumuseţea joacă un rol fundamental.

O amică îmi trimite des pe telefon imagini de păsări exotice. Imaginaţia naturii în a combina culorile şi formele penajului e prodigioasă. O păsăruică mititică din jungla Americii Centrale etalează un curcubeu coloristic pentru a atrage o femelă absolut banală. Cu cât mai promiscuu şi mai fălos e masculul speciei, cu atât mai urâtă e femela. Ironia evoluţiei! Când păsăroiul socoteşte că se află în preajma iubitei, alege un loc bine luminat şi-l amenajează conştiincios, curăţindu-l de frunze, rămurele sau ce mai e pe acolo. Odată scena pregătită, se instalează în centru, cântă şi creează ca prin minune un evantai fluorescent de pene verzi. Jungla dispare în prezența frumuseții trubadurului înfumurat.

Suntem făpturi senzuale, sunetele, culorile, aromele, texturile, savorile, tot ce place simțurilor noastre ne face să vibrăm. Ne impresionează nu numai frumusețea planetei noastre, în stare să producă păsăruica aia cu evantai verde, ci și tot ce poate crea omenirea. Cu mulți ani în urmă, când nepoții mei aveau cinci, trei și doi ani, am adus dintr-o călătorie din Asia o cutie de lemn destul de voluminoasă. Am deschis-o în salon. Înăuntru, culcată pe paie, odihnea o statuie din alabastru înaltă de un metru. Era un Buddha senin, tânăr și zvelt, care medita cu ochii închiși. Cei trei copii și-au abandonat jucăriile și au rămas muți, contemplând fascinați statuia de parcă ar fi înțeles că era ceva extraordinar. Mulți ani au trecut de-atunci, dar nepoții mei încă îl salută pe acel Buddha când vin la mine să mă vadă.

După moartea părinților mei mi-a revenit trista sarcină de a goli casa. Mama cumpărase mobilier, decorațiuni interioare și obiecte de calitate din fiecare destinație diplomatică. N-a fost ușor, unchiul Ramón avea de întreținut patru copii ai lui și trei ai mamei, drept care nu se scăldau în bani. Însă argumentul Panchitei era că rafinamentul nu apare prin generație spontanee și nu e nici ieftin. Fiecare achiziție se lăsa cu o ceartă. Obiectele acelea au călătorit atât de mult prin lume, că, dacă acest amănunt ar reprezenta o valoare adăugată, acum ar costa o avere.

Îmi plăcea să o văd pe mama în decorul pe care și-l crease, exact ca păsăroiul cu piept verde. De la ea am moștenit dorința de a-mi aranja casa, deși sunt conștientă că nimic nu e veșnic, totul se schimbă, se descompune, se dezintegrează sau moare, drept care nu mă agăț de nimic.

Împărțind lucrurile părinților, mi-am dat seama că multe din câte adunaseră nu mai aveau valoare, căci cine în ziua de azi mai are timp să bată covoare persane, să frece argintăria sau să spele de mână obiectele de cristal; nu mai e nici loc pentru tablouri, pian cu coadă sau mobilier vechi. Din toate, am păstrat doar ceva fotografii, un tablou pictat de mama la Lima, pe când era tânără și nefericită, și un vechi samovar rusesc ca să le fac ceai Surorilor Dezordinii Perpetue, un cerc de prietene cu care formez așa-zisul grup de rugăciune, deși nici gând să ne rugăm.

O tânără de douăzeci și cinci de ani, frumusețea oficială a familiei și a cercului de prieteni, cu atitudinea și siguranța de sine de rigoare, mi-a povestit: „Sunt avantajată, arăt mai bine decât majoritatea fetelor și sunt înaltă și atrăgătoare. Dar tocmai pentru asta sunt mai expusă. Când eram adolescentă, un bărbat a profitat de mine. Abuzul sexual și umilința au durat mai bine de un an; îmi era frică de el. Din fericire, ai mei m-au ajutat și astfel am putut ieși din relația toxică. Eram slabă, lipsită de experiență și vulnerabilă, a fost vina mea pentru că eram cochetă și nu mă gândeam la riscuri".

Am reușit s-o fac să nu cadă în capcana ideii atât de bătătorite care aruncă vina pe victimă pentru agresiunea prădătorului. N-a pățit asta pentru că era drăguță, ci pur și simplu pentru că era femeie.

Conform unui mit popular, noi, femeile, suntem mai vanitoase decât bărbații, pentru că ne preocupăm de aparență, însă vanitatea masculină e mult mai profundă și costisitoare. Uitați-vă la uniformele și decorațiile militare, la pompa și solemnitatea cu care-și dau aere, la până unde merg ca să impresioneze femeile și să trezească invidia altor bărbați, la jucăriile lor de lux – vezi mașinile – și la cele de supremație – vezi armele. Așa că putem spune că toți, bărbați și femei, păcătuim prin vanitate în termeni similari.

Panchita, mama mea, a fost frumoasă dintotdeauna, ceea ce, trebuie să recunoaștem, e un avantaj. În fotografiile de la trei ani se ghicește deja frumusețea care va fi, în cele de la peste nouăzeci tot frumoasă era, numai că în familia ei despre aspectul fizic nu se vorbea, era ceva de prost gust. Normal era să nu lauzi copiii ca să nu devină înfumurați;

dacă e cel mai bun din clasă e pentru că și-a făcut doar datoria; dacă a ieșit primul la campionatul de natație e pentru că s-a străduit să bată recordul; dacă fetița e drăguță nu trebuie să se împăuneze, e meritul genelor. Nimic nu era îndeajuns. Așa mi-a fost copilăria și adevărul este că m-a pregătit pentru asprimile vieții. Nu aștept laude și elogii. Am încercat să aplic metoda chiliană de educație cu nepoții mei, dar am fost împiedicată de părinții lor, care se temeau ca bunica asta lipsită de suflet să nu le traumatizeze odraslele.

Panchita a trăit fără să-și pună în valoare darul frumuseții până la maturitate, când tot auzind de la alții că era frumoasă, a sfârșit prin a crede. Când l-am dus pe Roger, ultimul meu iubit, în Chile ca să-l prezint părinților, omul a rămas impresionat și i-a spus că era foarte frumoasă. „El nu mi-a spus-o niciodată", a oftat ea, arătând spre bărbatul ei. La care unchiul Ramón a răspuns sec: „Așa o fi, dar eu am văzut-o primul".

În ultimele ei luni de viață, când avea nevoie de asistență pentru orice, până la aspectele cele mai intime, mi-a spus că se resemnase să primească ajutor și că era recunoscătoare. „Dependența te face umil", mi-a spus ea. După o pauză a adăugat: „Dar umilința nu distruge vanitatea". Se îmbrăca elegant în ciuda imobilității, i se făcea masaj cu cremă hidratantă dimineața și înainte de culcare, o coafeză venea s-o spele pe cap și să-i aranjeze părul de două ori pe săptămână și se machia zilnic, însă discret, fiindcă „Nimic nu e mai ridicol decât o babă boită". La peste nouăzeci de ani se privea în oglindă cu plăcere. „Nu arăt rău, în ciuda ravagiilor vârstei. Puținele prietene pe care le mai am parcă sunt niște iguane."

De la mama am moștenit vanitatea, dar am ținut-o bine ascunsă mulți ani, până când am reușit să scap de ecoul vorbelor bunicului care îi lua în derâdere pe cei care pretind a fi ceea ce nu sunt. Aici intrau și rujul de buze și lacul de unghii, căci nimeni nu se naște cu buzele și unghiile roșii.

La douăzeci și trei de ani mi-am făcut șuvițe blonde, celebrele „meșe" care erau la modă. Bunicul m-a întrebat ce mâță făcuse pipi în capul meu. Rușinată, n-am mai trecut pe la el mai multe zile, până m-a sunat să vadă ce e cu mine. N-a mai pomenit nimic despre părul meu și am înțeles atunci că nu era cazul să-l iau în serios mereu. Poate că după acest incident am început eu să-mi cultiv vanitatea, nu ca pe un păcat, cum era pentru bunicul, ci ca pe o plăcere care poate fi absolut nevinovată dacă n-o iei în serios. Nu regret că mi-am permis-o începând de atunci, dar recunosc că m-a costat energie, timp şi bani, asta până am înţeles în cele din urmă că singura atitudine rezonabilă era să mă bazez pe ce-mi dăduse natura. Ceea ce nu e mult.

Îmi lipsesc atributele fizice ale Panchitei, prin urmare vanitatea mea are nevoie de multă disciplină. Sar din pat cu o oră înaintea celor din casă ca să-mi fac duşul şi să-mi recompun faţa, pentru că la trezire semăn cu un boxer cotonogit. Machiajul e prietenul meu cel mai bun, iar îmbrăcămintea adecvată mă ajută să disimulez colapsul unor zăgazuri care au căzut şi pe care nu le pot ridica. Evit moda, căci e riscant. Am nişte poze din tinereţe, gravidă în şapte luni, unde port minijupă şi am părul tapat de parcă aş purta două peruci. Nu, moda nu mă avantajează.

Pentru o femeie vanitoasă, ca mine, e dur să îmbătrâneşti. Pe dinăuntru continui să fiu seducătoare, numai că nimeni nu observă. Mărturisesc că mă cam jigneşte invizibilitatea, prefer să fiu centrul atenţiei. Vreau să fiu mai departe senzuală – între nişte limite – şi să fiu dorită, dar la vârsta mea e mai greu. În general, senzualitatea e o chestiune de hormoni şi de imaginaţie. Pentru primele iau pilule şi, deocamdată, cea de a doua nu-mi lipseşte.

De ce-mi bat atât capul cu felul în care arăt? Unde a rămas feminismul? Păi, pentru că-mi face plăcere. Îmi plac ţesăturile, culorile, machiajul şi rutina de a mă aranja în fiecare dimineaţă, cu toate că majoritatea timpului îl petrec închisă în mansardă și scriind. „Nu mă vede nimeni, dar mă văd eu", spunea filozofic maică-mea, și nu se referea doar la aspectul fizic, ci și la trăsături profunde de caracter și comportament. E modalitatea mea de a sfida decrepitudinea. Mă ajută mult că am un iubit care mă vede cu inima; pentru Roger sunt un supermodel, doar că mult mai bondoacă.

Pe măsură ce anii se adună, se schimbă și ideea mea despre senzualitate. În 1998 am scris o carte despre afrodiziace, un soi de memorial al simțurilor, intitulată, firește, *Afrodita*. Afrodiziacele sunt acele substanțe care sporesc dorința și capacitatea sexuală. Înainte de apariția unor medicamente precum Viagra, se credea că anumite alimente au acest efect. Un exemplu: vânăta. În Turcia, fetele trebuiau să învețe zeci de feluri de a găti vinetele pentru a garanta entuziasmul viitorului soț. Cred că acum bărbații preferă un hamburger.

Afrodiziacele au luat avânt în țări precum China, Persia sau India, unde bărbatul trebuia să satisfacă mai multe femei. În China, bunăstarea națiunii se măsura și după numărul de copii zămisliți de împărat, drept care avea la dispoziție sute de concubine tinere.

Mi-a luat un an documentarea pentru carte, am citit și am căutat inspirație în sex-shopuri, am gătit rețete afrodiziace în bucătărie și le-am pus la încercare. E un fel de magie neagră: vă sfătuiesc, dacă aveți de gând să le administrați, să vă anunțați victima în prealabil – dacă vreți să aveți rezultate vizibile. Asta am descoperit-o cu prietenii care veneau precum cobaii să-mi guste felurile. Rețeta avea efect doar la cei care fuseseră informați că era vorba de o mâncare afrodiziacă; asta după cât de repede plecau acasă. Ceilalți habar nu aveau. Forța de sugestie produce miracole...

Înainte vreme fantazam cu posibilitatea unei nopți în compania lui Antonio Banderas, numai că acum o astfel de posibilitate incertă mi se pare epuizantă. Mult mai senzual mi se pare un duș prelungit și posibilitatea de a mă trânti cu Roger și cățelușele mele între niște cearșafuri bine călcate înaintea televizorului. Pentru asta n-am nevoie de lenjerie de mătase care să-mi ascundă celulita.

Am scris *Afrodita* la cincizeci și șase de ani. Azi n-aș mai putea scrie așa ceva, mi se pare dificil, gătitul mă plictisește și nu am nici cea mai mică intenție să administrez cuiva afrodiziace. Mai demult spuneam adesea că nu pot scrie o carte erotică atâta timp cât trăiește mama mea. După moartea Panchitei, câteva cititoare mi-au scris rugându-mă să o fac. Regret, mă tem că e prea târziu, pentru că mama a zăbovit mult până să se despartă de lumea aceasta, iar acum erotismul mă interesează mai puțin decât tandrețea și râsul. Poate c-ar trebui să-mi măresc doza de estrogen și să mă frec pe burtă cu cremă cu testosteron.

Nu aș vrea să repet prostiile epice pe care le-am comis între treizeci și cincizeci de ani din cauza pasiunii sexuale, dar nici să le dau uitării, căci sunt un fel de medalii de merit.

Recunosc, cu toate acestea, că uneori inima pătimașă îmi încețoșează rațiunea. Dacă nu e vorba de o cauză care mă obsedează – de exemplu dreptatea, apărarea celor săraci și a animalelor și, firește, feminismul – ceea ce-mi tulbură rațiunea e câte un amor fulminant. Așa s-a întâmplat în Venezuela, în 1976, când m-am amorezat de un muzician argentinian care fugise de așa-numitul război murdar[1] din țara sa. Mi-am părăsit soțul cel bun și pe cei doi copii și l-am urmat în Spania, a urmat o dezamăgire cruntă și m-am întors acasă cu inima țăndări și cu coada între picioare. Aveau să treacă zece ani până să-mi ierte copiii acea trădare.

Acel „fluieraș din Hamelin" nu a fost singurul iubit pentru care am făcut nebunii. În 1987, într-un turneu literar, l-am cunoscut pe Willie, un avocat din California. Fără să stau pe gânduri, mi-am

---

1. Perioadă cuprinsă între 1976–1983 când, în timpul dictaturii militare din Argentina, libertățile cetățenești au fost sistematic încălcate, iar opozanții politici au fost persecutați și anihilați. (N. red.)

părăsit casa din Caracas, mi-am luat la revedere de la copii, care erau de-acum adulți și nu mai aveau nevoie de mine, și m-am mutat la el, fără bagaje și fără să fi fost poftită. După o vreme, am făcut ce-am făcut și l-am convins să se însoare cu mine, pentru că aveam nevoie de viză ca să-mi pot aduce copiii în Statele Unite.

La vârsta mea pasiunea se trăiește la fel ca în tinerețe, numai că înainte de a face o imprudență stau să mă gândesc. Vreo două-trei zile. Așa m-am lăsat sedusă în 2016, la peste șaptezeci de ani, când m-am întâlnit cu bărbatul potrivit: a fost un impuls, o pornire din inimă. El avea să fie al treilea soț al meu, dar să nu ne grăbim, vă spun mai încolo despre Roger, aveți răbdare.

Pasiunea erotică mi s-a potolit în mare măsură, poate că într-o zi va dispărea cu totul, că se zice că trece cu vârsta. Deocamdată nu mă gândesc la asta; dacă se va întâmpla, sper ca patima să se transforme în umor, tandrețe și prietenie, ca la prietenele mele de aceeași vârstă care trăiesc în cuplu. Mă întreb însă cum e dacă unuia i se răcește inima și-și pierde libidoul înaintea celuilalt. Nu știu, vom vedea atunci.

Emanciparea femeii nu e incompatibilă cu feminitatea, mai curând aș zice că sunt complementare. Un spirit liber poate fi sexy, depinde cum privești. Admit cu toată modestia că, în ciuda feminismului, în lunga mea viață nu mi-au lipsit pretendenții. Am depășit menopauza de trei decenii și mai pot fi sexy în particular, folosind anumite strategii, evident. La lumina unei lumânări, dacă a băut trei pahare de vin, și-a scos ochelarii și acceptă inițiativa partenerei, mai pot vrăji omul.

Din fericire, sexualitatea nu se mai supune unor reguli sau clasificări fixe. Nepoții mei mă asigură că nu sunt binari și când mi-i prezintă pe prietenii lor trebuie să întreb ce pronume preferă. Mai uit, pentru că trăiesc în California și engleza e a doua mea limbă, și uneori trebuie să conjugi verbul la singular cu un pronume la plural. În spaniolă e și mai complicat, pentru că substantivele și adjectivele au gen.

Discuția despre pronume a început în fosta Iugoslavie, care după niște războaie teribile s-a rupt între 1991 și 2006 în șase republici suverane: Slovenia, Croația, Bosnia-Herțegovina, Muntenegru, Macedonia de Nord și Serbia. În atmosfera de război și machism dus la extrem, patriotismul era un amestec perfect de patriarhat, națiune și misoginie. Masculinitatea se definea prin forță, putere, violență și cucerire. Femeile și fetele grupului trebuiau protejate și puse să nască pentru națiune. Cele ale dușmanului erau violate și torturate, planul era să fie lăsate însărcinate pentru a-i umili astfel pe bărbați. Calculul cel mai conservator vorbește de douăzeci de mii de femei musulmane din Bosnia violate de sârbi, însă e posibil ca cifra să fi fost mult mai mare.

Când conflictul a luat sfârșit, tineretul a respins împărțirea de gen impusă de ultranaționalism, a refuzat să fie clasificat în masculin și feminin și a schimbat folosirea pronumelor cu altele non-binare. În Statele Unite și în restul Europei practica a ajuns după câțiva ani. Spaniola a adoptat *elle* și *elles* și o terminație neutră pentru substantive și adjective, de pildă *amigue* în loc de *amiga* sau *amigo* – prietenă sau prieten. Terminația feminină se folosește uneori în loc de cea masculină, ca în cazul partidului politic Unidas Podemos (în loc de Unidos Podemos). E complicat, poate că ne vom obișnui dacă se va impune în practică.

Limbajul e foarte important pentru că ne determină modul de gândire. Cuvintele sunt puternice. Patriarhatului îi convine să clasifice oamenii, îi controlează astfel mai ușor. Acceptăm automat să fim incluși în categorii de gen, rasă, vârstă etc., însă mulți tineri sfidează aceste diviziuni.

Pare-se că a trecut moda rolurilor feminin și masculin, se poate alege între diverse alternative în funcție de starea de spirit, dar eu sunt fatalmente heterosexuală, ceea ce-mi limitează serios opțiunile; poate c-ar fi mai bine să fiu bisexuală sau lesbiană, pentru că femeile de vârsta mea sunt mai interesante și îmbătrânesc mai frumos decât bărbații. Credeți că exagerez? Priviți în jur.

Forțele obscurantismului, mai ales cele religioase și ale tradiției, neagă femeii dreptul la sexualitate și la plăcere. Exemple câte vrei, de la obsesia himenului și a fidelității feminine, până la mutilarea genitală și burka. Femeia sexuală sperie bărbatul. Și trebuie s-o controleze ca să se asigure că nu are relații multiple, că nu îl poate compara cu alții și renunța la el. Dacă ea caută plăcere și varietate, cum poate fi el sigur de paternitate?

În Occident aceste forțe ale obscurantismului au fost silite să dea înapoi, dar stau și acum la pândă. Eu am crescut într-o epocă a machismului în plin avânt, când dorința sexuală și promiscuitatea erau apanajul exclusiv al bărbaților. Se presupunea că femeile sunt caste prin natura lor și trebuie seduse. Nu puteam contribui la propria seducere: trebuia să ne prefacem că cedăm din oboseală, ca să nu fim numite deșănțate. Dacă greșeam și masculul își povestea mai departe isprava, o încurcam, intram în categoria nerușinatelor. Impulsul sexual feminin era negat, orice alternativă la relația heterosexuală sau monogamă era considerată o deviere sau un păcat.

Bărbați nătângi care acuzați
femeia fără de pricină,
fără să vedeți că purtați vină
pentru tot ceea ce le acuzați

Dacă voi cu atâta foc
le provocați disprețul
de ce le cereți buna purtare
dacă tot voi le împingeți la rău?

[...]

Cine e mai vinovat
pentru o pasiune greșită:
cea care cedează rugăminților,
sau cel care o roagă?

Și cine e de condamnat mai mult,
deși rău faceți amândoi:
cea care păcătuiește pentru bani,
sau cel care plătește ca să păcătuiască?

JUANA INÉS DE LA CRUZ,
„Bărbați nătângi"

Toată viața am fost o romantică incurabilă, dar în scris romanțiozitatea a fost o încercare grea pentru mine. Scriu de mulți ani și nu am ajuns la talentul maestrelor romanului de dragoste și știu că nici nu voi ajunge. Încerc să-mi imaginez ce iubit și-ar dori cititoarele mele heterosexuale, dar nu-mi iese compendiul de virtuți masculine. E de presupus că idealul ar fi un tip chipeș, puternic, bogat sau puternic, inteligent, dezamăgit de iubire, dar gata să se lase sedus de protagonistă și așa mai departe. Nu cunosc pe nimeni care mi-ar putea sluji drept model.

Dacă reușesc să creez un amant ca de cinema, să zicem un tânăr idealist și curajos, numai mușchi și piele bronzată, plete negre și ochi de catifea, precum Huberto Naranjo din *Eva Luna*, tipul se dovedește periculos sau alunecos și ar fi fatal pentru personajul feminin, care ar sfârși cu inima sfâșiată

70

dacă nu l-aş omorî în mod oportun la jumătatea romanului. Uneori eroul meu e băiat bun, dar dacă devine prea romantic trebuie să moară ca să evit finalul fericit de roman de amor; a fost cazul lui Ryan Miller din *Jocul Ripper*, am avut de ales între a-l omorî pe el sau pe câinele lui, Atila. Voi ce-aţi fi făcut?

Amanţii din cărţile mele sunt războinici fanatici, negustori cu buză-de-iepure, profesori vegetarieni, octogenari invizibili, soldaţi cu membre amputate etc. Printre rarele excepţii care supravieţuiesc instinctului meu asasin se numără căpitanul Rodrigo de Quiroga şi Zorro. Primul e un personaj istoric, viteazul conquistador al Chile, soţul lui Inés Suárez. A scăpat pentru că nu l-am inventat eu; în viaţa reală a murit la bătrâneţe, pe câmpul de luptă. Nici Zorro nu e creaţia mea: mascatul din California are o existenţă de peste un secol şi escaladează şi acum balcoanele pentru a seduce domnişoare inocente şi doamne plictisite. Nu-l pot omorî pentru că o corporaţie cu avocaţi buni deţine copyrightul.

Nepoții mei au încercat să mă pună la curent cu multiplele forme de dragoste care domnesc în ziua de azi printre tineri. Când au pomenit de relațiile poliamoroase, de pildă, le-am zis că astea au existat dintotdeauna. În tinerețea mea, în anii '60 și '70, se numea amor liber, însă m-au asigurat că nu e același lucru, pentru că mulți nu se mai definesc ca binari – masculin/feminin –, iar combinațiile de perechi și grupuri sunt mult mai interesante decât pe vremea mea. Turbez când aud expresia „pe vremea mea". Vremea mea e aceasta! Însă, din păcate, mă văd nevoită să recunosc că nu mai am vârsta la care m-aș putea aventura pe terenul modernelor relații poliamoroase nonbinare.

Și pentru că veni vorba de amorul modern, nu pot lăsa pe dinafară relațiile online, atât de întâlnite azi. În 2015, când am divorțat de Willie, al doilea soț al meu, după douăzeci de ani de mariaj, m-am

mutat singură într-o casă mică. A mă recăsători și
a o lua de la început cu un moș doldora de manii
și beteșuguri mi se părea un coșmar, iar a-mi găsi
un iubit – o posibilitate la fel de absurdă ca aceea
de a-mi crește aripi. Totuși, câteva prietene mai
tinere mi-au sugerat să apelez la internet.

Cam greu s-o fac, nici să comand ceva pe Ama-
zon nu prea sunt în stare. Și nimeni nu ar fi răspuns
la un anunț care ar fi sunat așa: *Bunicuță de șapte-
zeci și doi de ani, imigrantă latino cu acte în regulă,
feministă, mărunțică și lipsită de talente domestice
caută partener curat și civilizat pentru ieșiri la restau-
rant și la cinema.*

Eufemismul pentru disponibilitate sexuală e
„spontan" sau altceva la fel de vag. Eu nu sunt „spon-
tană" la modul abstract, am nevoie de intimitate,
penumbră, simpatie și marijuana. La femei pasiu-
nea sexuală se diminuează sau dispare cu vârsta
dacă nu suntem îndrăgostite. La bărbați pare-se că
e altfel. Am citit undeva – o fi un mit, nu știu – că
ei se gândesc la sex din trei în trei minute și se agață
de fanteziile lor erotice până la moarte, chiar dacă
au uitat de mult ce e o erecție. Chiar e de mirare cum
de reușesc să mai facă ceva în viață în asemenea
condiții.

Orice sexagenar pântecos și bombănitor se crede
îndreptățit să aspire la o femeie cu douăzeci sau
treizeci de ani mai tânără, după cum vedeți tot tim-
pul, dar o femeie matură alături de un tip mai tânăr

continuă să pară ceva obscen. Iată un exemplu de anunț online: *Contabil pensionar, șaptezeci de ani, expert în vinuri și restaurante, caută femeie între douăzeci și cinci și treizeci de ani, bine dotată, cu libido ridicat, pentru distracție.* Mă întreb cine răspunde la așa ceva. Și dat fiind că majoritatea bărbaților caută femei mult mai tinere decât ei, dacă vreunul ar fi răspuns anunțului meu ar fi trebuit să aibă în jur de o sută de ani.

Curiozitatea mea de jurnalistă m-a împins să discut cu o serie de femei de diferite vârste care apelaseră la internet ca să-și găsească un partener. Am făcut cercetări și la câteva agenții matrimoniale, dar care s-au dovedit frauduloase. Pentru o sumă astronomică îți garantau opt întâlniri cu bărbați potriviți. Mi-au oferit bărbați între șaizeci și cinci și șaptezeci și cinci de ani, care aveau o profesie, erau culți, progresiști, sănătoși etc. Am ieșit cu trei sau patru domni – îndeplineau toate condițiile anunțate – până mi-am dat seama că lucrau pentru agenție. Erau aceiași care ieșeau cu toate clientele ca să-și facă norma de opt întâlniri.

Internetul e mai cinstit și mai dătător de speranțe având în vedere numărul de cupluri care se formează online. Deși mai există și abuzuri. Judith, o tânără atrăgătoare de treizeci și unu de ani, aștepta într-un local de patruzeci de minute. Când era gata să plece și chemase mașina, a primit un SMS: „Eram la bar, dar nu m-am apropiat pentru că ești

74

urâtă, grasă şi bătrână". La ce bun atâta răutate, zic eu? Judith a trecut prin câteva luni de depresie din cauza unui dement care juisa mental rănind o necunoscută.

Alt caz interesant. Brenda, cu o funcţie de conducere şi o carieră de succes, în vârstă de patruzeci şi şase de ani, s-a îndrăgostit pe net de un arhitect englez romantic şi pasionat. Îi despărţeau nouă ore de fus orar şi zece de avion, dar îi uneau atâtea idei şi preferinţe comune, c-ai fi zis că crescuseră împreună. Arhitectul şi Brenda împărtăşeau de la gusturile muzicale până la iubirea pentru pisicile persane. De vreo două ori el a vrut să vină în California s-o cunoască, dar s-au interpus diverse chestiuni legate de muncă. Apoi i-a propus ea să vină la Londra, însă el dorea s-o vadă în ambianţa ei, cu prietenii ei şi cu pisicile ei de expoziţie. În cele din urmă a rămas să se întâlnească după ce el s-ar fi întors din Turcia, unde avea un contract important.

Aşa stăteau lucrurile când Brenda a fost sunată de un avocat care i-a spus că arhitectul călcase cu o maşină închiriată pe cineva la Istanbul, că era

arestat și disperat, condițiile din închisoare erau
înfiorătoare și avea nevoie urgentă de bani pentru
a ieși pe cauțiune – i-a dictat și contul.

Brenda era îndrăgostită, dar nu proastă. Suma
era foarte mare, chiar pentru cineva cu resursele
ei, așa că a consultat înainte de a trimite banii un
detectiv local. „Uitați, doamnă, nu vă cer nici un
ban, nu e nevoie să cercetez cazul pentru că-l știu
pe de rost". Și i-a explicat că era vorba de un șarla-
tan profesionist, un fost actor din Los Angeles spe-
cializat să găsească pe net femei singure și bogate.
Afla tot ce se putea despre ele pentru a crea preten-
dentul ideal. Brenda avea o pagină web doldora de
informații, restul l-a aflat în lungile conversații pur-
tate cu accent fals de aristocrat englez. O sedusese
așa cum le sedusese și pe altele.

Brenda nu a trimis banii și n-a mai auzit de tip.
Dezamăgirea a fost atât de mare, încât n-a regretat
pierderea sentimentală și a fost fericită că a scăpat
la timp. Morala fabulei: să n-ai încredere în arhi-
tecții englezi, spunea ea.

Eu nu am istețimea Brendei. Nu numai că aș fi
adunat banii de cauțiune, dar aș fi zburat în aceeași
seară în Turcia ca să-l scot de la pârnaie. Din fericire,
n-a fost nevoie de nimic de felul ăsta și nici n-am
rămas singură, cum plănuisem, pentru că cerul
mi-a trimis un trubadur pe care nici nu-l căutasem.

Am vorbit despre pasiunea sexuală și romantică, dar ce înseamnă pasiune? Conform dicționarului, e vorba de o perturbare sau de o afecțiune a sufletului; mai e descrisă și ca o emoție puternică și irezistibilă care poate duce la acte obsesive sau periculoase. Definiția mea e mai puțin sumbră: pasiune înseamnă entuziasm de neoprit, energie exuberantă și dăruire asumată pentru ceva sau cineva. Partea bună a pasiunii e că ne împinge înainte și ne ține în priză și tineri. M-am antrenat ani în șir să devin o bătrânică pasionată, așa cum alții se antrenează să escaladeze munții sau să ajungă șahiști profesioniști. Nu vreau ca anii să-mi distrugă pasiunea pentru viață.

Am pomenit mai devreme de Eliza Sommers, protagonista din romanul *Fiica norocului*. Neîndoielnic, e curajoasă și vitează, pentru că se îmbarcă clandestin pe un cargou și navighează mai multe săptămâni pe Pacific până în California, dar spre deosebire de aventurieri, bandiți, fugari din fața legii și alți bărbați mânați de ambiția de a găsi aur, ea o face din iubire. O dragoste pasională pentru un tânăr care poate că nu o merita. Îl caută pretutindeni cu o pasiune tenace, îndură condițiile cele mai grele într-o regiune ostilă și plină de pericole unde umbra violenței și moartea stau la pândă.

Aproape toate protagonistele cărților mele sunt pline de pasiune, astfel de persoane mă interesează pe mine, care riscă și sunt în stare de acte obsesive sau periculoase, cum scrie în dicționar. O viață tihnită și în siguranță nu e material bun pentru ficțiune.

S-a spus adesea despre mine că aș fi o persoană condusă de pasiune – asta pentru că nu stăteam cuminte în casa mea, dar trebuie să subliniez că nu mereu acțiunile mele riscante au fost motivate de un temperament pasional: circumstanțele au fost cele care m-au dus în direcții neașteptate; n-am avut încotro și am înotat. Am trăit pe o mare furtunoasă, cu valuri care ba mă ridicau, ba mă trăgeau în hău. Și erau atât de mari, că atunci când totul mergea bine, în loc să mă relaxez, mă pregăteam pentru următoarea prăbușire, mi se părea ceva inevitabil. Acum nu mai e așa. Acum navighez în derivă, zi după zi, mulțumită să plutesc cât timp mai e posibil.

Deşi pasiunea m-a caracterizat încă din tinereţe, nu-mi amintesc să fi avut ambiţii literare; cred că nu mi-a venit ideea asta pentru că o consideram o ambiţie tipică bărbaţilor şi aproape o insultă în cazul femeilor. A fost nevoie de mişcarea de eliberare a femeilor pentru ca o serie de femei să îmbrăţişeze conceptul, cu furie, cu agresivitate şi poftă de competiţie, de putere, de erotism şi cu hotărârea de a spune NU. Cele din generaţia mea ne agăţam uneori de oportunităţile apărute, care erau puţine, dar fără să ne facem un plan de victorie.

În lipsă de ambiţie, am avut noroc. Nimeni, cu atât mai puţin eu, nu putea prevedea acceptarea instantanee de care s-a bucurat primul meu roman, apoi cele care au urmat. Poate că bunica mea a avut dreptate când prevestea că nepoata va fi norocoasă, pentru că s-a născut cu un semn în formă de stea pe spinare. Ani la rând am crezut că asta mă singulariza, până am aflat că e ceva destul de obișnuit; în plus, dispare cu timpul.

Am fost mereu disciplinată în muncă, marcată fiind de dăscăleala bunicului cum că trândăvia înseamnă timp irosit din viață. Decenii în șir așa am fost, însă am învățat că și trândăvia poate fi un teren fertil pentru creativitate. Acum nu mai exagerez cu disciplina, scriu din plăcerea de a povesti ceva cuvânt cu cuvânt, pas cu pas, scrisul îmi face plăcere și nu mă gândesc la rezultat. Nu mai stau pironită în scaun cu zilele, nu mai scriu concentrată precum un notar. Pot să mă relaxez pentru a mă bucura de rarul privilegiu de a avea cititoare fidele și editori buni, care nu încearcă să intervină în ceea ce scriu.

Scriu despre ce mă interesează și în ritmul meu. Iar în orele de trândăvie, pe care bunicul le socotea pierdute, fantomele imaginației mele se transformă în personaje bine definite, unice, cu voce proprie și dispuse să-mi vorbească dacă le las destul timp. Le simt în jurul meu, sunt atât de vii încât mă mir că nu le văd și alții.

Să scap de disciplina obsedantă nu e ceva ce s-a întâmplat de azi pe mâine, mi-au trebuit ani. În orele de terapie și în cele, mai puține, de practică spirituală am învățat să-i spun superego-ului meu să se ducă naibii și să mă lase în pace ca să mă bucur de libertate. Superego nu e același lucru cu conștiința, primul ne pedepsește, cea de a doua ne ghidează.

Am încetat să dau ascultare vătafului din mine care îmi vorbea cu glasul bunicului. Greaua urcare a muntelui a luat sfârșit, acum mă plimb liniștită pe tărâmul intuiției, care s-a dovedit a fi cel mai bun pentru scris.

Primul meu roman, *Casa spiritelor*, a apărut în 1982, în plin Boom al literaturii hispanoamericane, cum au fost numite magnificele cărți ale unui grup de mari scriitori de pe acest continent. Boom-ul a fost un fenomen masculin. Scriitoarele din America Latină erau ignorate de critici, profesori, studenții de la Litere și edituri, care, dacă le publicau, o făceau în tiraje minuscule, fără promovare și distribuție adecvată. Acceptarea cărții mele a fost o surpriză. S-a spus că luam cu asalt lumea literară. Ca să vezi! Și brusc a devenit limpede că publicul cititor de romane era preponderent feminin: exista o piață consistentă care aștepta ca editurile să se trezească. Așa a fost, iar acum, după ce au trecut mai mult de trei decenii, ficțiune publică atât femeile, cât și bărbații.

E momentul să aduc un omagiu postum lui Carmen Balcells, altă femeie de neuitat dintre cele care m-au ajutat să înaintez pe drumul vieții. Carmen, faimoasa agentă literară din Barcelona, era nașa tuturor marilor scriitori ai Boom-ului și a sute de alți autori de limbă spaniolă. Ochiul ei a decelat oarece merit primului meu roman și a reușit să-l publice mai întâi în Spania, apoi în multe alte țări; ei îi datorez faptul de a fi reușit în ciudata meserie a scrisului.

Eram o necunoscută care scrisese un prim roman în bucătăria ei din Caracas. Carmen m-a invitat la Barcelona la lansarea cărții. Nu mă cunoștea, dar m-a tratat ca pe o celebritate. A dat o petrecere la ea acasă ca să mă prezinte elitei intelectuale a orașului: critici, ziariști și scriitori. Nu cunoșteam pe nimeni, eram îmbrăcată ca o hippie și nu eram defel în largul meu, dar ea m-a liniștit cu o singură frază: „Aici nimeni nu știe mai multe decât tine, improvizăm cu toții“. Ceea ce mi-a readus în minte sfatul des repetat de unchiul Ramón: „Nu uita că lor le e mai frică decât îți e ție“.

Cina aceea a fost singura la care am văzut caviar rusesc servit cu polonicul. La masă, a ridicat paharul în cinstea cărții mele și în clipa aceea s-a întrerupt curentul și am rămas în beznă. „Spiritele acestei chiliene au venit să ciocnească cu noi. Noroc!“ a spus fără să ezite, de parcă ar fi regizat ea însăși scena.

Carmen mi-a fost mentoră și prietenă. Îmi spunea că nu suntem prietene, că eu eram clienta, iar ea agenta, că între noi era doar o relație comercială, dar nu-i adevărat. (Nu-i adevărat nici că i-ar fi plăcut să fie femeie-obiect, după cum spunea. Nu-mi pot imagina pe cineva mai puțin dotat pentru un astfel de rol decât ea.) Carmen mi-a fost alături în toate momentele semnificative, de la boala Paulei până la căsătoriile și divorțurile mele, necondiționat, mereu prezentă.

Femeia asta în stare să înfrunte orice agresor își consulta astroloaga, credea în vrăjitori, guru și magie, se emoționa și plângea din orice. Plângea atât de des, încât Gabriel García Márquez i-a dedicat una dintre cărțile sale: „Pentru Carmen Balcells, scăldată în lacrimi".

Era generoasă până la nebunie. Mamei i-a trimis în Chile optzeci de trandafiri albi când a împlinit această vârstă, unchiului Ramón nouăzeci și nouă de ziua lui. Nu uita datele pentru că ambii erau născuți în aceeași zi de august. O dată mi-a făcut cadou un set complet de valize Vuitton, pentru că era de părere că ale mele erau banale și învechite. Mi-au fost furate toate pe aeroportul din Caracas prima și singura dată când le-am folosit, dar nu i-am spus: mi-ar fi luat altele imediat. Și-mi mai trimitea atâta ciocolată că mai găsesc și acum câte una în locurile cele mai neașteptate din casă.

Moartea surprinzătoare a acestei catalane formidabile mi-a lăsat mult timp senzația că-mi pierdusem colacul de salvare care mă ținea la suprafața mării furtunoase a literaturii; din fericire, agenția pe care a format-o cu talent și viziune continuă să funcționeze impecabil sub conducerea fiului ei, Lluís Miguel Palomares.

Țin pe birou fotografia lui Carmen ca să nu-i uit sfaturile: oricine poate scrie o primă carte bună, dar un scriitor se confirmă după a doua și următoarele; tu vei fi judecată aspru, pentru că nouă, femeilor, nu ni se iartă succesul; scrie ce vrei, nu lăsa pe nimeni să intervină în munca și banii tăi; cu copiii tăi să te porți de parcă ar fi niște prinți, o merită; mărită-te, un soț, oricât de tont, dă bine.

Așa cum m-a prevenit, au trebuit să treacă decenii până să obțin recunoașterea pe care orice autor bărbat ar fi obținut-o mult mai rapid. În Chile a fost cel mai greu să fiu acceptată de critică, deși cititorii mă iubeau. Nu le port ranchiună acelor critici: e ceva caracteristic țării, acolo, cum te ridici peste medie, ești tras în jos, ești zdrobit (excepție fac fotbaliștii). Avem și niște termeni speciali pentru asta, un substantiv și un verb: să-l apuci pe îndrăzneț de poalele hainei și să-l tragi în jos (*chaqueteo* și *chaquetear*[1]). Iar dacă victima e femeie, cruzimea și graba se dublează, ca să nu i se suie la cap. În cazul meu, dacă nu m-ar trage în jos aș intra la bănuieli, ar însemna că nu exist.

După ce am publicat douăzeci de cărți traduse în peste patruzeci de limbi, un scriitor chilian al cărui nume l-am uitat a spus, când candidam pentru Premiul Național de Literatură, că nici măcar nu eram scriitoare, ci conțopistă. Carmen Balcells l-a întrebat dacă citise ceva scris de mine; a răspuns că nici mort n-ar face-o. În 2010, cu sprijinul a patru foști președinți ai republicii, al mai multor partide politice și al Camerei Deputaților am primit acest premiu și abia atunci am câștigat ceva respect din partea criticilor din țara mea. Carmen mi-a trimis cinci kilograme de bomboane de ciocolată umplute cu portocală confiată, preferatele mele.

---

1. Derivate de la *chaqueta* – haină, jachetă. (N.red.)

Spunea Mae West, diva filmului mut, că niciodată nu ești prea bătrân ca să întinerești. Dragostea întinerește, dincolo de orice îndoială. Trăiesc acum o dragoste nouă și poate că asta mă face să mă simt sănătoasă și entuziasmată de parcă aș avea cu treizeci de ani mai puțin. În cazul meu este vorba de un exces de endorfină, hormonul fericirii. Se pare că toți ne simțim mai tineri decât anii pe care-i avem și că avem un șoc când calendarul ne reamintește că a mai trecut un an sau un deceniu. Da, timpul zboară. Atât de repede, că-mi uit vârsta și sunt mirată când mi se cedează locul în autobuz.

Mă simt tânără pentru că pot încă să mă tăvălesc pe jos jucându-mă cu cățelele, să ies la înghețată, să-mi amintesc ce am mâncat la micul dejun și să fac amor râzând. Totuși, din prudență, nu îmi pun la încercare toate talentele și îmi accept limitările; fac mai puțin decât înainte vreme și îmi măsor bine timpul, pentru că tot ce fac îmi ia mai mult; refuz angajamentele neplăcute, pe care înainte le onoram din obligație, precum călătoriile care nu sunt neapărat necesare și reuniunile sociale care depășesc opt persoane și unde aș deveni invizibilă, aș dispărea printre ceilalți cărora le ajung până la brâu; evit copiii gălăgioși și adulții nepoliticoși.

E firesc ca anii să se lase cu pierderi. Pierzi oameni, animale, locuri și energie. Până la șaptezeci de ani jonglam făcând trei sau patru lucruri în același timp, lucram zile în șir dormind pe sponci și scriam zece ore fără să mă opresc. Eram mai flexibilă și mai puternică. Dimineața săream din pat aterizând grațios pe covor, gata să intru sub duș și să-mi încep ziua. Să lenevesc în pat? Să trândăvesc duminicile? Să-mi fac siesta la prânz? Nici gând. Acum mă târăsc cu grijă afară din pat ca să nu-mi deranjez partenerul și cățelele. Am o singură responsabilitate – să scriu – și-mi ia o eternitate să mă apuc, rezist cel mult cinci ore, și asta cu multă cafea și multă voință.

Dorința de a nu pierde tinerețea există dintotdeauna. Prima mențiune cunoscută a izvorului tinereții veșnice o face Herodot, în secolul IV î.Cr. Spaniolii și portughezii lacomi care au cucerit America Latină în secolul al XVI-lea căutau El Dorado, cetatea cu totul și cu totul de aur, unde copiii jucau gropița cu smaralde și rubine, și Izvorul Tinereții, ale cărui ape miraculoase ștergeau ravagiile bătrâneții. N-au găsit nici una, nici alta. În El Dorado nu mai crede nimeni, însă mirajul tinereții veșnice persistă, susținut de un arsenal de mijloace la îndemâna celor care și le pot permite: medicamente, vitamine, diete, exerciții, chirurgie, până și placentă și injecții cu plasmă umană care ar face deliciul lui Dracula. Presupun că la ceva tot folosesc, căci acum trăim cu treizeci de ani mai mult decât bunicii noștri, dar să trăiești mult nu înseamnă și să trăiești mai bine. O bătrânețe lungă are un enorm cost social și economic la nivel individual și planetar.

David Sinclair, biolog, profesor de genetică la Școala de Medicină de la Harvard și autorul mai multor cărți, susține că îmbătrânirea e o boală și trebuie tratată ca atare. Experimentele sale la nivel molecular au reușit să oprească și, în unele cazuri, să facă reversibil procesul de îmbătrânire la șoareci. Pretinde că există tehnologia prin care, într-un viitor apropiat, să putem evita simptomele și beteșugurile bătrâneții alimentându-ne cu plante și înghițind o pastilă la micul dejun. Teoretic, am putea trăi până la o sută douăzeci de ani sănătoși și cu mintea limpede.

Deocamdată, până va trece Sinclair de la șoareci la oameni, poate că secretul tinereții prelungite stă în atitudine, cum spunea mama și cum a confirmat-o Sophia Loren, zeița italiană a cinematografului din anii '50-'70. Le-am pomenit-o pe Sophia nepoților mei (acum adulți) și habar nu aveau cine e, ceea ce nu mă miră, n-au auzit nici de Ghandi. Am cunoscut-o la Jocurile Olimpice de Iarnă din

2006, în Italia, când noi, alături de alte șase femei, am purtat drapelul olimpic pe stadion.

Sophia ieșea în evidență precum un păun printre găini. Am rămas cu ochii la ea, fusese sex-simbolul unei epoci, iar la șaptezeci și de ani continua să fie spectaculoasă. Care era formula care îi conferea atractivitate și tinerețe? Într-un interviu la TV a spus că fericirea și că „tot ce vedeți li se datorează tăiețeilor". În altul a adăugat că trucul era o postură bună: „Mă țin mereu dreaptă și nu scot zgomote de babă, nu gâfâi, nu mă vait, nu tușesc și nu-mi târșesc picioarele". Mantra ei era atitudinea. Am încercat să-i urmez sfatul în materie de postură, doar că aiureala cu pastele m-a făcut să mă îngraș cu cinci kilograme.

Nu-i nimic rău în a îmbătrâni în afară de faptul că Mama Natură respinge „seniorii". Odată trecută vârsta reproducerii și copiii ajunși mari, suntem dispensabili. Presupun că undeva departe, să zicem într-un sat ipotetic din Borneo, vârsta înaintată o fi venerată și e preferabil să fii bătrân ca să fii venerat, dar pe-aici nu e cazul. În prezent, prejudecata împotriva bătrâneții e respinsă așa cum cu un deceniu în urmă erau respinse sexismul și rasismul, dar nimeni nu o ia în serios. Există o industrie antiîmbătrânire absolut monumentală, ca și cum a îmbătrâni ar fi o lipsă de caracter.

Înainte vreme ajungeai adult la douăzeci de ani, matur, la patruzeci și bătrânețea începea la cincizeci.

Acum adolescența se întinde până spre treizeci sau patruzeci, maturitatea vine în jur de șaizeci, iar bătrân ești după optzeci. Tinerețea s-a tot întins pentru a le face pe plac acelor *baby-boomers*, generația născută după cel de-al Doilea Război Mondial în Statele Unite, care a definit multe aspecte ale culturii ultimei jumătăți de veac.

Însă oricât ne-am agăța de iluzia tinereții, majoritatea celor de vârsta mea înaintează cu pași mari spre decrepitudine și vom fi morți înainte ca prejudecata împotriva vârstei să fie abolită.

Nu voi ajunge să profit de progresele științei, dar precis că nepoții mei vor atinge suta în formă. Eu mă mulțumesc să îmbătrânesc voios, iar pentru asta urmez anumite reguli: nu mai fac concesii cu ușurință; am spus adio tocurilor înalte, dietelor și răbdării față de toți proștii; în fine, am învățat să spun NU la ce nu-mi convine fără să mă simt vinovată. Acum viața mea e mai bună, dar nu mă interesează încă *le repos du guerrier*, prefer să mai păstrez ceva ardoare în minte și în sânge.

Mai mult decât postura și tăiețeii, cum recomanda Sophia Loren, secretul meu pentru o viață completă și o bătrânețe fericită este să o imit pe prietena mea Olga Murray. Imaginați-vă o tinerică de nouăzeci și patru de anișori, fără ochelari, aparat acustic sau baston, îmbrăcată în culori scandaloase și încălțată în teniși, care conduce și acum (dar numai înainte și fără a schimba banda). Doamna mărunțică, energică și pătimașă are un scop care îi ghidează viața, îi umple zilele și o menține tânără.

Povestea ei e fascinantă, dar o spun pe scurt; dacă vreți să aflați mai multe, căutați-o pe internet, vă asigur că merită. Olga a rămas văduvă la șaizeci și ceva de ani și s-a dus să facă trekking în munții Nepalului. Acolo a căzut și și-a rupt o gleznă. Șerpașul a cărat-o în spate într-un soi de coș până la primul sat, care era foarte sărac și izolat. Acolo, în timp ce aștepta o mașină care s-o ducă în oraș, a asistat la un fel de festival. Sătenii făceau de mâncare

94

şi se îmbrăcau în ce aveau mai bun, se auzea muzică şi se dansa. Curând au sosit autobuzele din oraş cu agenţi care veneau să cumpere fetiţe între şase şi opt ani. Părinţii le vindeau pentru că nu aveau cum le hrăni.

Agenţii plăteau un preţ echivalent cu cel a două capre sau un purcel şi luau fetele promiţând părinţilor că vor fi plasate în familii bune, vor merge la şcoală şi vor avea mâncare din belşug. Dar de fapt erau vândute pe post de *kamlaris*, o formă de servitute similară sclaviei. Aceste *kamlaris* urmau să muncească fără pauză, să doarmă pe jos şi să mănânce resturile rămase de la stăpâni, să fie lipsite de educaţie, maltratate şi să nu aibă acces la educaţie şi sănătate. Iar acestea erau cele norocoase: celelalte erau vândute bordelurilor.

Olga şi-a dat seama că degeaba şi-ar fi dat toţi banii pe care îi avea la ea ca să cumpere câteva fetiţe: dacă le reda familiilor lor, acestea le-ar fi revândut cu prima ocazie. Dar ceva ca să le ajute trebuia să facă, şi asta a devenit misiunea vieţii sale. Fetele salvate trebuiau protejate timp de mai mulţi ani, până deveneau independente. Întoarsă în California, a înfiinţat o organizaţie de caritate, Nepal Youth Foundation (www.nepalyouthfoundation.org), care oferea protecţie, educaţie şi servicii de sănătate fetelor exploatate. A salvat astfel aproximativ cincisprezece mii de fete de sclavia domestică şi a reuşit să schimbe chiar şi cultura acelei ţări: guvernul Nepalului a declarat practica *kamlari* ilegală.

Mai are și alte programe la fel de spectaculoase: cămine care primesc copii orfani sau abandonați, școli și clinici de nutriție pe lângă o serie de spitale, unde mamele cu venituri scăzute sunt instruite să-și folosească mai judicios resursele. Am văzut fotografii „înainte și după". Un copilaș numai piele și os, care nici să meargă nu putea, după o lună bate mingea.

Fundația Olgăi a ridicat un sat-model la marginea orașului Katmandu, cu școli, ateliere și case pentru copiii în situație de risc. Se numește Olgapuri, oaza Olgăi, și ar merita să-l vedeți. Este locul cel mai vesel de pe planetă! Minunata femeie e adorată de mii de copii nepalezi, și nu exagerez deloc. De fiecare dată e așteptată pe aeroportul din Katmandu de o mulțime de copii și tineri cu baloane și ghirlande pentru „mama" lor.

La vârsta ei înaintată Olga e atât de sănătoasă și de energică, încât face de două ori pe an drumul între Nepal și California (șaisprezece ore de zbor, plus tot atâtea cu legăturile și așteptările pe aeroporturi) și muncește fără preget pentru a-și finanța și superviza proiectele. Ochii ei albaștri strălucesc de bucurie când vorbește despre „copiii ei". E mereu zâmbitoare, mereu mulțumită, nu se plânge și nu dă vina pe alții, iradiază bunătate și gratitudine. Olga Murray este eroina mea. Când o să fiu mare, vreau să fiu ca ea.

Mi-ar plăcea să am sânii plini și picioarele lungi ale Sophiei Loren, dar dacă aș avea de ales aș prefera darurile câtorva ursitoare bune pe care le știu: un scop în viață, compasiune și umor.

Dalai Lama spunea că unica speranță de pace și prosperitate stă în mâinile femeilor din Occident. Presupun că s-a gândit la ele pentru că au mai multe drepturi și resurse, dar eu nu aș exclude femeile din restul lumii. Sarcina ne revine tuturor.

Pentru prima dată în istorie există milioane de femei educate, informate, cu acces la sănătate, conectate între ele și dispuse să schimbe civilizația în care trăim. Nu suntem singure, alături de noi sunt mulți bărbați, majoritatea tineri: fiii și nepoții noștri. Cu bătrânii nu e nici o șansă, trebuie să așteptăm să moară. Scuze, sună cam crud, nu toți bătrânii sunt așa, unii au mintea luminată și inima la locul ei și pot evolua. Ei, dar cu bătrânele e altă poveste.

Asta e epoca bunicuțelor viteze – suntem categoria cu cea mai mare creștere în cadrul populației. Femei care au trăit mult, noi nu avem nimic de pierdut, drept care nu ne speriem ușor; putem vorbi răspicat pentru că nu vrem să intrăm în competiție, să devenim simpatice celorlalți sau să dobândim popularitate; cunoaștem valoarea uriașă a prieteniei și colaborării. Ne îngrijorează starea omenirii și a planetei. E momentul să cădem de acord și să scuturăm zdravăn lumea.

Ieșirea la pensie este și ea o problemă care ne privește, pentru că acum majoritatea dintre noi au un loc de muncă. Celelalte, casnicele, nu se pensionează și nu se odihnesc niciodată. În limba spaniolă, retragerea din muncă se numește *jubilación*, termen care derivă din *júbilo*[1], pentru că pleacă de la ideea că ar fi perioada ideală când omul face tot ce are chef. Măcar de-ar fi așa. Cel mai adesea, asta survine când corpul și veniturile nu te ajută să faci ce-ți tună. În plus, e demonstrat că arareori trândăvia aduce fericirea.

La bărbați, pensionarea poate fi începutul sfârșitului, pentru că ei se realizează și se împlinesc prin muncă, în care investesc tot ceea ce sunt, iar când asta se termină le rămâne foarte puțin și se prăbușesc mental și emoțional. Atunci începe perioada fricii:

---

1. Jubilație, bucurie mare manifestată zgomotos. (N. red.)

de a da greş, de a pierde resurse economice, de a rămâne singuri – lista temerilor e lungă. Dacă nu au o parteneră sau un partener care să aibă grijă de ei, sau un câine care să dea din coadă, sunt terminați. Nouă, femeilor, ne merge mai bine, pentru că în afară de muncă am cultivat şi relaţiile de familie şi de prietenie, suntem mai sociabile decât bărbaţii şi avem interese mai variate. Dar şi pe noi fragilitatea care vine cu anii ne face mai temătoare. Generalizez, dar cred că aţi înţeles.

După Gerald G. Jampolsky, celebru psihiatru şi autor a peste douăzeci de bestselleruri de psihologie şi filozofie, aptitudinea de a fi fericit se datorează în proporţie de 45% genelor şi de 15% circumstanţelor, ceea ce înseamnă că restul de 40% e determinat de fiecare dintre noi conform convingerilor şi atitudinii noastre în faţa vieţii. La nouăzeci şi cinci de ani, el continuă să scrie şi să aibă pacienţi, merge la sală de cinci ori pe săptămână şi în fiecare dimineaţă e recunoscător pentru ziua care începe şi se pregăteşte să o trăiască fericit. Vârsta nu trebuie să limiteze energia şi creativitatea, nici participarea la mersul lumii.

În prezent trăim mai mult, deci mai avem nişte decenii în care să ne redefinim scopurile şi să dăm sens vieţii care ne rămâne, aşa cum a făcut Olga Murray. Jampolsky pledează pentru iubire: e cel mai bun leac, iubirea pe care o dai din plin. Trebuie să uiţi supărările şi să te lepezi de negativitate, pentru că ranchiuna și furia consumă mai multă energie decât iertarea. Iar cheia fericirii este să-i ierți pe ceilalți și pe tine însuți. Ultimii ani pot fi cei mai buni, cu condiția să alegem iubirea, nu frica, spune el. Dar iubirea nu crește spontan, ca o bălărie, ci se cultivă cu multă grijă.

Un ziarist l-a întrebat pe Dalai Lama: „Vă amintiți viețile pe care le-ați trăit înainte?"

Dalai Lama a răspuns: „La vârsta mea îmi e mai greu să-mi amintesc ce s-a petrecut ieri".

Unchiul Ramón, tatăl meu vitreg, a fost un om activ și strălucit până și-a părăsit postul de director al Academiei Diplomatice din Chile, atunci a început declinul. Era foarte sociabil și avea zeci de prieteni, care însă se senilizau treptat și inevitabil mureau. I-au murit și toți frații, și o fiică. Spre final – a apucat venerabila vârstă de o sută doi ani – rămăsese doar cu Panchita, care se cam săturase de ursuzenia soțului și parcă ar fi preferat să fie văduvă. Avea în jur o echipă de femei care îl îngrijeau ca pe o orhidee de seră.

„Marea mea greșeală a fost să mă pensionez. Aveam optzeci de ani, e adevărat, dar asta e doar o cifră, aș mai fi putut lucra zece ani", mi-a spus într-o zi. N-am vrut să-i reamintesc că la optzeci de ani avea nevoie de ajutor să-și lege șireturile la pantofi, dar sunt de acord că lentul său declin a început odată cu pensionarea.

103

Ceea ce mi-a întărit hotărârea de a continua să fiu activă până la sfârșit, până ce se va fi consumat ultima celulă din creier și se va fi stins ultima scânteie din suflet, pentru ca la moarte să nu mai rămână nimic. Nu mă voi retrage, mă voi reinventa. Și nu voi fi prudentă. Julia Child, celebra *chef*, spunea că ginul și carnea roșie sunt secretul longevității sale. Excesele mele sunt de alt gen, dar ca și ea, nu am de gând să renunț la ele. Mama spunea că la bătrânețe regreți doar păcatele pe care nu le-ai comis și lucrurile pe care nu ți le-ai cumpărat.

În cazul în care scap de senilitate (nu am avut cazuri în familia mea longevivă), nu am de gând să ajung o babă pasivă care stă cu un câine sau doi. E o viziune înfiorătoare, dar, ca să-l citez pe Jampolsky, nu trebuie să trăim cu frică. Eu mă pregătesc pentru viitor. Cu vârsta, defectele și calitățile noastre se accentuează. Nu-i adevărat că anii mulți aduc automat și înțelepciunea, dimpotrivă, foarte des bătrânii își pierd judecata. Dacă aspirăm la înțelepciune trebuie să ne antrenăm încă din tinerețe. În ce mă privește, cât mai pot vreau să urc scările în mansarda în care scriu și să-mi petrec zilele așternând cu plăcere alte povești. Dacă reușesc, bătrânețea nu mă privește.

Din punct de vedere legal, societatea din Statele Unite determină pragul bătrâneţii la şaizeci şi şase de ani, când avem dreptul la o pensie. E vârsta la care cei mai mulţi se retrag, femeile nu-şi mai vopsesc părul (nu, n-o faceţi încă!), iar bărbaţii iau Viagra ca să-şi urmeze fanteziile (oroare!). De fapt, îmbătrânirea începe de la naştere şi fiecare o face în felul lui. Aici cultura are un rol important. O femeie de cincizeci de ani e invizibilă la Las Vegas, dar foarte atrăgătoare la Paris. Un bărbat de şaptezeci de ani poate fi un tataie într-un cătun depărtat, dar în golful San Francisco, unde locuiesc eu, circulă cohorte de bunicuţi pe bicicletă, ceea ce ar fi absolut lăudabil dacă n-ar purta şorturi elastice în culori fluorescente.

Suntem bombardaţi cu nevoia de a ţine dietă şi a face exerciţii pentru a îmbătrâni în formă. Aşa o fi, dar să nu generalizăm. Eu n-am fost niciodată atletică, astfel că nu văd ce sens ar avea să mă apuc atât de târziu de exerciții. Mă mențin în formă plimbând cățelele până la cea mai apropiată cafenea unde mă opresc pentru un cappuccino. Părinții mei au trăit sănătoși un secol și nu i-am văzut nicicând asudând la sală sau abținându-se de la mâncare. La masă beau un pahar-două de vin, seara un cockteil. La mesele lor erau smântână, unt, carne roșie, ouă, cafea, deserturi și tot soiul de carbohidrați interziși, însă cu moderație; nu s-au îngrășat și n-auziseră de colesterol.

Au avut parte de iubire și îngrijire până în ultima clipă a extraordinarelor lor vieți, dar asta se întâmplă rar. De regulă, ultima etapă a vieții e tragică, pentru că societatea nu e pregătită să gestioneze longevitatea. Oricât de atent întocmite ne-ar fi planurile, de obicei resursele nu ne ajung până la capăt. Ultimii șase ani sunt cei mai scumpi, dureroși și solitari, sunt ani de dependență și, extrem de frecvent, de sărăcie. Pe vremuri familia – mai bine zis femeile din familie – aveau grijă de bătrâni, dar în partea asta de lume acest lucru aproape că a dispărut. Locuințele sunt strâmte, banii puțini, munca și ritmul vieții sunt susținute și, culmea, bătrânii trăiesc prea mult.

Noi, cei care am trecut pragul celor șaptezeci de ani, trăim cu teroarea de a nu ne sfârși zilele într-o casă de bătrâni, în scutece, drogați cu medicamente și legați de scaunul cu rotile. Vreau să mor înainte de a avea nevoie de ajutor ca să fac duș. Prietenele mele și cu mine visăm să creăm o comunitate de văduve – bărbații trăiesc mai puțin. (Prefer să nu mă gândesc la așa ceva, abia m-am căsătorit și mă deprimă ideea de văduvie). Am putea, de exemplu, să cumpărăm un teren pe aici, prin zonă, nu departe de un spital, să construim cabane individuale cu servicii comune, un loc în care să ne aducem animalele de companie, cu grădină și alte facilități. Vorbim des, dar amânăm acțiunea concretă, nu numai pentru că e un proiect costisitor, ci pentru că, în fond, credem că vom fi independente cât e lumea. Gândire magică.

Chiar dacă vom reuși să evităm beteșugurile bătrâneții și să ne menținem sănătoși până la o sută douăzeci de ani, cum propune profesorul David Sinclair, trebuie să ne ocupăm de spinoasa problemă a longevității. Ar fi aberant să o neglijăm. Societatea trebuie să găsească modalitatea de a lua în grijă bătrânii și de a-i ajuta să moară, dacă asta doresc. Moartea asistată ar trebui să fie o opțiune viabilă pretutindeni, nu doar în câteva locuri progresiste de pe Terra. Moartea demnă este un drept al omului, numai că legea și instituția medicală ne obligă adesea să trăim dincolo de demnitate. Să nu uităm cuvintele lui Abraham Lincoln: contează nu anii de viață, ci viața din ani.

Stabilisem cu un prieten, care la optzeci și cinci de ani nu și-a pierdut defel puterea de seducție, să ne sinucidem împreună când vom găsi de cuviință. El urma să-și piloteze avioneta (un fel de țânțar din tablă) până avea să se termine combustibilul și să ne prăbușim în Oceanul Pacific. Un final curat care ar fi scutit rudele de neplăcerile funeraliilor. Din păcate, acum vreo doi ani i-a expirat permisul de pilot și nu i-a fost reînnoit. Și-a vândut țânțarul și are de gând să-și ia motocicletă. Eu asta îmi doresc, o moarte rapidă, pentru că nu sunt Olga Murray și nu voi avea nicicând satul meu cu oameni iubitori care să mă îngrijească până la sfârșit.

Încă ceva: pe măsură ce natalitatea scade și populația îmbătrânește în Statele Unite și în Europa, imigranții ar trebui primiți cu brațele deschise. Sunt tineri – bătrânii nu emigrează – și ne ajută să ne ținem pensionarii. În plus, femeile au grijă în mod tradițional de copii și bătrâni, sunt dădace răbdătoare și bune pentru cei pe care îi iubim cel mai mult.

Bătrânii nu sunt o prioritate, ci un deranj. Guvernul nu le alocă suficiente fonduri, sistemul de sănătate e nedrept și inadecvat, de regulă își petrec ultimii ani izolați, departe de ochii lumii. O țară ar trebui să asigure o viață demnă celor care au contribuit patruzeci sau cincizeci de ani, însă asta se întâmplă doar în puținele țări excepțional de civilizate, dintre cele în care visăm să trăim cu toții. Soarta tristă a majorității bătrânilor e să sfârșească dependenți, săraci și respinși.

Poate că planul meu de a rămâne activă nu se va împlini și va sosi clipa să abdic treptat de la ceea ce acum mi se pare important. Sper ca senzualitatea și scrisul să dispară ultimele.

Dacă am să trăiesc prea mult îmi voi pierde capacitatea de atenție. Când nu voi mai putea să-mi amintesc și să mă concentrez la scris, cei care vor suferi vor fi cei de lângă mine, pentru care idealul este să lipsesc cu orele, închisă în camera de lucru. Dacă-mi voi pierde judecata, nici n-o să-mi dau seama, dar tare neplăcut va fi să-mi pierd independența rămânând lucidă, cum s-a întâmplat cu mama mea.

Deocamdată mă bucur de mobilitate plenară, dar într-o zi îmi va fi greu să conduc mașina. Am fost de când mă știu un șofer prost, iar acum e și mai rău. Mă mai izbesc de niște copaci care apar din senin – înainte parcă nu erau acolo. Evit să conduc pe timp de noapte pentru că nu reușesc să citesc indicatoarele cu numele străzilor și mă rătăcesc invariabil. Și asta nu e tot. Refuz să-mi iau un computer modern, să-mi schimb vechiul telefon mobil, bătrâna mea mașină sau să învăț să folosesc cele cinci telecomenzi ale televizorului; nu pot să destup sticlele, scaunele au devenit mai grele, butonierele mai mici și pantofii mai strâmți.

Limitărilor de mai sus li se adaugă inevitabila diminuare a libidoului, cel puțin în comparație cu acea forță năprasnică din trecut. Senzualitatea se modifică și ea cu vârsta.

Prietena mea Grace Damman, una dintre cele șase surori ale Dezordinii Perpetue care formează cercul intim al practicii mele spirituale, e de ani de zile într-un scaun cu rotile în urma unui accident pe podul Golden Gate. Era atletică și se antrena să escaladeze Everestul când a avut loc accidentul care i-a zdrobit câteva oase și a lăsat-o semiparalizată. I-a luat ani să-și accepte condiția fizică, în imaginație continua să facă schi nautic în Hawaii și să alerge la maraton.

Grace trăiește într-un cămin pentru persoane în vârstă, unde e cea mai tânără, pentru că are nevoie de asistență. Ajutorul de care are nevoie nu ia mult timp: cinci minute dimineața ca să se îmbrace, alte cinci seara la culcare și două dușuri pe săptămână. Care dușuri sunt pentru ea plăcerea cea mai senzuală, fiecare picătură de apă e o binecuvântare, plus bucuria săpunului și a șamponului. Mă gândesc des la ea când fac duș ca să nu uit că este un privilegiu.

Î n timp ce corpul mi se deteriorează, sufletul îmi
întinerește. Presupun că defectele și calitățile mele
au devenit și ele mai vizibile. Am devenit mai puțin
risipitoare și distrată decât înainte, dar mă și ener-
vez mai puțin, pentru că mi s-a mai îndulcit carac-
terul. Mi-a crescut însă pasiunea pentru cauzele pe
care le-am îmbrățișat mereu sau pentru puținii oa-
meni pe care îi iubesc. Nu mă mai tem de vulnera-
bilitatea mea, nu o confund cu slăbiciunea; pot trăi
cu brațele, ușile și inima deschise. E încă un motiv
pentru care mă bucur de anii mei și de faptul că
sunt femeie: nu trebuie să-mi demonstrez mascu-
linitatea, cum spunea Gloria Steinem. Cu alte cu-
vinte, nu e nevoie să-mi cultiv imaginea de putere
pe care mi-a inculcat-o bunicul și care m-a ajutat
mult în viață, dar care acum nu mai e indispensa-
bilă; acum pot să-mi permit luxul de a cere ajutor
și de a fi sentimentală.

De când a murit fiica mea sunt pe deplin conștientă de proximitatea Morții, iar acum, când am depășit șaptezeci de ani, Moartea e prietena mea. Și nu e un schelet înarmat cu o coasă și mirosind a putregai, ci o femeie matură, elegantă și amabilă, cu parfum de gardenie. Înainte bântuia prin zonă, apoi o vedeam în casa de alături, acum mă așteaptă răbdătoare în grădină. Trec uneori pe lângă ea, ne salutăm, iar ea îmi amintește că trebuie să profit de fiecare zi ca și cum ar fi ultima.

Rezumând, mă aflu într-un moment minunat al lungului meu destin. Iată o veste bună pentru toate femeile: viața ni se ușurează odată ce trecem de menopauză și terminăm de crescut copiii, dar cu condiția să ne putem reduce la minimum așteptările, să renunțăm la resentimente și să ne relaxăm convinse fiind că nimănui, în afară de cei apropiați, nu-i pasă nici un pic de ceea ce facem și de cine suntem. Să încetăm cu prefăcătoria, cu pretențiile, cu lamentațiile și autoflagelarea pentru orice prostie. Trebuie să ne iubim mult și să-i iubim pe alții – fără să măsurăm dacă ne iubesc și ei la fel de mult. Este etapa amabilității.

Femeile extraordinare pe care le-am cunoscut de-a lungul vieții întăresc viziunea pe care am avut-o la cincisprezece ani, cea a unei lumi în care valorile feminine au aceeași greutate ca valorile masculine, idee pe care i-o predicam bunicului, care mă asculta cu buzele și cu pumnii strânși. „Pe ce lume trăiești tu, Isabel? Ceea ce spui nu ne privește nici un pic", era reacția sa. Tot asta spunea și mai târziu, când puciul militar a pus capăt democrației de pe o zi pe alta și țara a intrat într-o dictatură prelungită.

Ca jurnalistă, aflam ce se petrecea pe ascuns, aflam despre lagărele de concentrare și centrele de tortură, despre miile de dispăruți, despre morții aruncați în aer cu dinamită în deșert și despre cei azvârliți în mare din elicopter.

Bunicul nici nu voia să audă, spunea că sunt zvonuri, că asta nu ne privea, și să nu mă bag în politică, să stau cuminte acasă, să mă gândesc la

114

bărbatul și la copiii mei. „Ai uitat povestea papa-galului care voia să oprească trenul bătând din aripi? Trenul l-a făcut praf, n-a rămas nici o pană. Asta vrei tu?"

Întrebarea lui retorică m-a urmărit decenii la rând. Ce vreau eu? Ce vrem noi, femeile? Să vă re-amintesc vechiul basm cu Califul.

În mitica cetate a Bagdadului a fost adus îna-intea Califului un hoț recidivist. Pedeapsa clasică ar fi fost să i se taie mâinile, dar în dimineața aceea Califul se trezise binedispus și i-a dat hoțului o șansă. „Să-mi spui ce-și doresc femeile și te las să pleci." Omul a stat puțin pe gânduri, s-a rugat lui Allah și Profetului său și a răspuns: „O, mărite Calif, femeile vor să fie ascultate: întreabă-le ce-și doresc și îți vor spune".

Ca să mă documentez pentru aceste reflexii trebuia să fac oarece cercetări, dar în loc să iau la întrebări femeile am vrut să fac economie de timp și am căutat pe internet. Am scris ghicitoarea Ca-lifului: Ce-și doresc femeile? Au ieșit niște cărți de self-help cu titluri precum *Află ce vor femeile și culcă-te cu ele*. Sau sfaturi pe care și le dădeau bărba-ții pentru a face rost de femei, spre exemplu: *Feme-ile vor tipi duri, arată-te agresiv și sigur pe tine, nu le da putere, fii poruncitor și exigent, nevoile tale au prioritate, asta le place lor*.

Mă îndoiesc c-ar fi așa, cel puțin dacă socotesc femeile pe care le cunosc, și sunt multe, dacă le adun pe cititoarele mele fidele și pe cele cu care intru în legătură prin fundația mea. Cred că am un răspuns mai potrivit la întrebarea Califului. Femeile își doresc în general următoarele: siguranță, să fie apreciate, să trăiască în pace, să dispună de resurse proprii, să fie conectate și, mai ales, își doresc dragoste. În continuare voi încerca să lămuresc aceste lucruri.

Indicatorul determinant al gradului de violență al unei națiuni este cea exercitată împotriva femeilor, care normează alte forme de violență. În Mexic, unde lipsa de siguranță pe stradă și impunitatea cartelurilor și a bandelor de crimă organizată sunt notorii, se estimează o medie de zece femei ucise zilnic; este vorba de un calcul neschimbat. Sunt victime în marea lor majoritate ale iubiților, soților și bărbaților pe care îi cunosc. Începând cu anii '90, în Ciudad Juárez, Chihuahua, au fost asasinate sute de femei tinere după ce fuseseră violate și adesea torturate cu sălbăticie, în indiferența autorităților. Asta a provocat un protest masiv al femeilor în martie 2020: au declarat o zi de grevă generală, alta în care nu s-au dus la muncă, n-au muncit nici acasă și au ieșit să defileze pe străzi. Mai rămâne de văzut impactul asupra autorităților.

Republica Democrată Congo, cu istoria ei de instabilitate și conflicte armate, poartă rușinosul nume de „capitală mondială a violurilor". Violul și alte agresiuni sistematice asupra femeilor sunt instrumente de oprimare în mâna grupurilor armate, însă un caz din trei are autori civili. Același lucru se întâmplă în alte locuri din Africa, America Latină, Orientul Mijlociu și Asia. Cu cât mai multă hipermasculinitate și polarizare de gen, cu atât mai multă violență împotriva femeii, exact ca în cadrul grupărilor teroriste.

Ne dorim siguranță pentru noi și copiii noștri. Suntem programate să ne apărăm odraslele și o facem cu ghearele și cu dinții. Exact ca în cazul animalelor, deși pentru reptile (șerpi sau crocodili) nu bag mâna în foc. Cu rare excepții, de pui se îngrijește femela și uneori îi apără cu prețul vieții ca să nu fie devorați de vreun mascul flămând.

Înaintea unei amenințări, reacția masculină e fuga sau lupta: adrenalină și testosteron. Înaintea unei amenințări, reacția feminină este să formeze un cerc în jurul puilor: oxitocină și estrogen. Oxitocina, hormonul care îndeamnă la unire, e atât de surprinzător, încât unii psihiatri îl folosesc în terapia de cuplu. Partenerii îl inhalează folosind un fel de spray nazal, sperând să ajungă la sentimente mai bune decât să-și sară la beregată. Willie și cu mine l-am încercat și noi, dar fără rezultat, sau poate că n-am inhalat destul. Până la urmă am divorțat, însă reziduul acestui hormon minunat ne-a făcut să rămânem buni prieteni până la moartea sa petrecută de curând. Dovada prieteniei este că mi-a lăsat-o moștenire pe cățelușa Perla, produsul nefericit al mai multor rase, cu mutră de liliac și corp de raton îndopat, dar cu o personalitate deosebită.

Violența împotriva femeilor e universală și la fel de veche precum civilizația însăși. Când se vorbește de drepturile omului practic se vorbește de drepturile bărbaților. Dacă un bărbat este lovit și privat de libertate, asta se numește tortură. Dacă aceleași lucruri le suportă femeia, se cheamă violență domestică și în cea mai mare parte a lumii reprezintă încă o chestiune privată. Sunt țări unde a ucide o fată sau o femeie pentru o problemă de onoare nici măcar nu se raportează. Organizația Națiunilor Unite a calculat că anual sunt ucise cinci mii de fete și femei pentru a salva onoarea unui bărbat sau a unei familii în Orientul Mijlociu și în Asia de Sud.

Conform statisticilor, în Statele Unite o femeie este violată la fiecare șase minute – sunt datele raportate, în realitate numărul este de cel puțin cinci ori mai mare. Iar la fiecare nouăzeci de secunde o femeie este lovită. Agresiunea și intimidarea au loc acasă, pe stradă, la locul de muncă și pe rețelele de socializare, unde anonimatul favorizează cele mai rele manifestări de misoginie. E vorba de Statele Unite, imaginați-vă cum stau lucrurile în țări în care drepturile femeilor se află încă în fașă. Violența e inerentă culturii patriarhale, nu e ceva anormal. E momentul să-i spunem pe nume și s-o denunțăm.

A fi femeie înseamnă a trăi cu frică. Orice femeie are întipărită în ADN frica de mascul. Se gândește de două ori dacă să treacă prin fața unui grup de bărbați care stau și pierd timpul. În locuri presupus sigure, precum campusul unei universități sau o instituție militară, există programe speciale prin care femeile sunt învățate să evite situațiile de risc, pornind de la premisa că, dacă sunt atacate, vina este a lor. Se aflau la locul nepotrivit și la o oră nepotrivită. Nu se așteaptă ca bărbații să-și schimbe atitudinea, mai curând li se permite, ba chiar li se laudă agresiunea sexuală ca pe un drept al bărbatului tipic masculinității. Din fericire, acest aspect se schimbă rapid, cel puțin în țările din Lumea Întâi, grație mișcării #MeToo și a altor inițiative feministe.

O expresie dusă la extrem a celor de mai sus o constituie femeile învăluite din cap până-n picioare în burka pentru a nu provoca dorința bărbaților, care pare-se că ar simți un impuls bestial la vederea câtorva centimetri de piele feminină sau a unei șosete albe. Cu alte cuvinte, femeia e pedepsită pentru slăbiciunea sau viciul bărbatului. Și atât de mare e teama de bărbat, încât multe femei apără portul burkăi pentru că astfel se simt invizibile, deci în siguranță.

Spunea scriitorul Eduardo Galeano că „în definitiv, frica femeii de violența bărbatului e oglinda fricii bărbatului de femeia fără frică". Sună bine, însă conceptul mi se pare confuz. Cum să nu-ți fie frică din moment ce lumea uneltește să ne sperie? Femei fără frică sunt foarte puține, doar când ne grupăm ne simțim invincibile.

Care ar fi rădăcina acestui amestec exploziv de dorință și ură față de femei? De ce agresiunea nu e considerată o problemă de drept civil sau de drept al omului? De ce e trecută sub tăcere? De ce nu se declară război împotriva violenței așa cum se declară război împotriva drogurilor, a terorismului sau a crimei? Răspunsul e simplu: violența și frica sunt instrumente de control.

Între 2005 și 2009, într-o ultraconservatoare și depărtată colonie menonită din Manitoba, Columbia, un grup de o sută cincizeci de fete și femei, inclusiv o fetiță de trei ani, erau violate sistematic după ce erau drogate cu o substanță folosită la anestezierea taurilor înainte de castrare. Se trezeau însângerate și învinețite, iar explicația primită era că fuseseră pedepsite de Diavol, că fuseseră posedate de demoni. Femeile erau analfabete, vorbeau o germană arhaică care le împiedica să comunice cu lumea din afară, nu știau unde se aflau, erau incapabile să citească o hartă ca să evadeze, nu aveau la cine apela. Nu e un caz unic, același lucru s-a întâmplat și continuă să aibă loc în alte comunități fundamentaliste izolate, religioase sau de alt tip, de exemplu Boko Haram, organizația teroristă din Nigeria, unde femeile sunt tratate precum animalele. Uneori cauza nu e ideologică, ci pur și simplu se explică prin izolare și ignoranță, ca la Tysfjord, în nordul Norvegiei, la cercul polar.

Bărbații se tem de puterea femeilor, drept care legile, religiile și obiceiurile au impus de secole tot soiul de restricții în calea dezvoltării intelectuale, artistice și economice a femeilor. În trecute vremuri, zeci de mii de femei acuzate de vrăjitorie au fost torturate și arse de vii pentru că știau prea multe, pentru că aveau puterea cunoașterii. Femeile nu aveau acces la biblioteci și universități, de fapt, ideal era – continuă să fie în unele locuri – să fie analfabete, ca să fie supuse, să nu pună întrebări și să nu se revolte. Exact ca la sclavi: dacă învățau să citească, erau biciuiți uneori până la moarte. În prezent, majoritatea femeilor au acces la școală la fel ca bărbații, dar dacă se evidențiază prea mult sau aspiră să acceadă la o poziție de lider – vezi cazul lui Hillary Clinton la alegerile prezidențiale din 2016 din Statele Unite – se confruntă cu agresivitatea.

Criminalii responsabili de masacre din Statele Unite, aproape fără excepție bărbați albi, au în comun misoginia, dovedită prin istoricul lor de violență domestică, amenințări și agresiune împotriva femeilor. Mulți dintre acești psihopați sunt marcați de o relație traumatică cu mama lor; nu pot suporta respingerea, indiferența sau bătaia de joc a femeilor, adică nu suportă puterea acestora. Spunea scriitoarea Margaret Atwood: „Bărbații se tem ca femeile să nu râdă de ei. Femeile se tem ca bărbații să nu le omoare".

Mișcarea de Eliberare a Femeilor a pus la încercare stima de sine a două sau trei generații de bărbați: s-au văzut sfidați și adesea întrecuți de competența feminină în domenii care până atunci le aparțineau în exclusivitate. Nu întâmplător avem un indice înalt de violuri în cadrul forțelor armate, sector în care până nu demult femeile ocupau doar posturi administrative, departe de zona de acțiune. Adesea, reacția masculină la puterea feminină este violentă.

Nu spun că toți bărbații sunt abuzivi și violatori potențiali, însă procentul e atât de mare, că trebuie să vedem violența împotriva femeilor exact ca ceea ce este: cea mai mare criză cu care se confruntă omenirea. Agresorii nu sunt excepții, nu sunt psihopați, sunt tați, frați, logodnici, soți, bărbați normali.

Gata cu eufemismele. Gata cu soluțiile parțiale. E nevoie de schimbări profunde în societate și ne revine nouă, femeilor, să le impunem. Nu uitați că nimeni nu ne dă nimic pe degeaba: noi trebuie să dobândim totul. Trebuie să creăm o conștientizare la nivel mondial și să ne organizăm. Acum mai mult ca oricând acest lucru este posibil, pentru că avem acces la informare, comunicare și capacitate de mobilizare.

Maltratările pe care le suferă femeia se explică prin devalorizarea de care are parte. Feminismul este noțiunea radicală a faptului că femeile sunt persoane, spunea Virginia Woolf. Secole la rând s-a discutat dacă femeile au sau nu suflet. În multe zone ale lumii încă sunt vândute, cumpărate sau schimbate ca o marfă. Majoritatea bărbaților le consideră inferioare, deși n-ar recunoaște-o, drept care sunt șocați și jigniți dacă o femeie știe sau realizează la fel de multe ca ei..

Reiau pe scurt o poveste pe care am mai scris-o, pentru că mi se pare relevantă. Demult, în 1995, am făcut o călătorie în India cu prietena mea Tabra și cu Willie, soțul meu de atunci, care plănuiseră voiajul ca să mă scoată din încremenirea în care mă aruncase moartea fiicei mele. Scrisesem cartea de amintiri *Paula*, care mă ajutase să înțeleg și, în cele din urmă, să accept ce se petrecuse, dar după publicare mă aflam într-o stare de vid. Viața mea nu mai avea sens.

Păstrez din India imaginea contrastelor și a nemaipomenitei sale frumuseți, cât și o amintire care mi-a influențat restul vieții.

Închiriaserăm o mașină cu șofer și înaintam pe un drum rural din Rajastan, când motorul s-a încins și a trebuit să ne oprim. Așteptând să se răcească, m-am îndreptat împreună cu Tabra către un grup de șase-șapte femei cu copii care stăteau la umbra singurului copac din zona aceea deșertică. Oare ce făceau ele acolo? De unde apăruseră? Nu trecuserăm pe lângă nici un sat, nu văzuserăm nici un puț cu apă care să le explice prezența. Femeile, tinere și evident foarte sărace, ne-au înconjurat cu curiozitatea inocentă pe care o mai vezi în unele locuri, atrase de pletele de culoarea sfeclei roșii ale Tabrei. Le-am dăruit brățările de argint cumpărate într-o piață, ne-am jucat un pic cu copiii, până când șoferul ne-a chemat înapoi claxonând.

O luam din loc când o femeie a venit la mine și mi-a pus în brațe un fel de pachet învelit în cârpe. Credeam că voia să-mi dea ceva în schimbul brățărilor, dar desfăcând cârpele am dat cu ochii de un nou-născut. Am rămas ca paralizată, dar șoferul, un bărbos înalt cu turban, a venit în fugă, mi l-a luat din mâini și l-a înapoiat altei femei. Apoi m-a apucat de braț, m-a luat aproape pe sus până la mașină și a pornit în trombă. Au trecut câteva minute până să pot reacționa: „Ce s-a întâmplat? De ce-a vrut să-mi dea copilul?" am întrebat nedumerită. „Era fetiță. Nimeni nu vrea o fată!" a răspuns el.

Pe fetița aceea n-am putut-o salva; o visez și acum. Visez că a avut o viață de mizerie, că a murit tânără, visez că e fata sau nepoata mea. Cu gândul la ea am decis să înființez o fundație care să ajute femeile și fetițele pe care nu le vrea nimeni, care sunt vândute pentru o căsătorie prematură, supuse muncii forțate și prostituției, fetițe bătute și violate, care nasc la pubertate, fetițe care vor naște alte fetițe într-un ciclu etern de umilință și durere; fetițe care mor prea tinere, sau altele care nici măcar nu au dreptul să se nască.

Acum când se poate afla sexul fătului, milioane de fetițe sunt avortate. În China, unde politica unui singur copil menită să controleze creșterea populației – aplicată până în 2016 – a produs o penurie de fete de măritat, mulți bărbați le importă din alte țări, uneori cu forța. S-a calculat că douăzeci și una de mii de fete au fost victima traficului de persoane în mai puțin de cinci ani, din Myanmar (fosta Birmania) până în provincia Henan, unde există cea mai mare disparitate de gen: se nasc o sută patruzeci de băieți și doar o sută de fete. Drogate, violate, bătute, aceste fete devin neveste captive și mame împotriva voinței lor. S-ar putea deduce că dată fiind cererea fetele ar avea aceeași valoare ca băieții; încă nu este cazul. În multe zone a avea o fetiță e încă o nenorocire, în vreme ce băieții sunt o binecuvântare. Moașa e plătită mai puțin dacă ajută la aducerea pe lume a unei fetițe.

Conform Organizației Mondiale a Sănătății, două sute de milioane de femei sunt victime ale mutilării genitale și un milion de fetițe riscă să o sufere în zone din Africa, Asia și printre imigranții din Europa și Statele Unite. Dacă aveți stomacul tare, puteți vedea pe internet în ce constă această practică: fetițelor li se taie clitorisul și labiile vulvei cu o lamă de ras, cu cuțitul sau cu un ciob de sticlă, fără anestezie sau măsuri minime de igienă. Mutilarea o fac niște femei care repetă astfel un obicei care are ca scop împiedicarea plăcerii și a orgasmului. Guvernele nu intervin sub pretextul că e vorba de un obicei religios și cultural. O fată nemutilată valorează mai puțin pe piața matrimonială.

Abuz, exploatare, tortură și crimă împotriva femeilor și fetelor au loc la scară mare în toată lumea, de regulă în condiții de impunitate. Cifrele sunt atât de mari că pierdem din vedere magnitudinea ororii. Numai cunoscând o fată sau o femeie care a trecut printr-o astfel de experiență groaznică, numai aflându-i numele, văzându-i chipul și ascultându-i povestea vom putea să ne solidarizăm.

E de presupus că nimic din toate astea nu le va atinge pe fiicele noastre, numai că există o infinitate de situații în care și ele vor fi disprețuite sau agresate când ies în lume și încep să fie pe picioarele lor. În general, fetele sunt mai istețe și mai bune decât băieții la școală și facultate, numai că au mai puține șanse; în câmpul muncii bărbații câștigă mai mult și obțin posturi mai înalte; în artă și știință femeile trebuie să se străduiască de două ori mai mult ca să obțină o recunoaștere înjumătățită – și putem continua.

Până acum câteva decenii femeile erau împiedicate să-și dezvolte creativitatea și talentul, așa ceva era considerat împotriva naturii lor, căci se credea că, biologic, erau menite doar maternității. Iar dacă vreuna repurta un succes, era obligatoriu să o facă sub oblăduirea soțului sau a tatălui, cum a fost cazul unor compozitoare, pictorițe, scriitoare sau savante. Lucrurile s-au schimbat, firește, dar nu peste tot și nu destul.

La Silicon Valley, paradisul tehnologiei care a modificat definitiv esența însăși a comunicațiilor și a relațiilor interumane, unde media de vârstă se situează sub treizeci de ani – vorbim deci de generația tânără și, teoretic, cea mai progresistă și vizionară din lume – femeile sunt discriminate cu același machism deja inacceptabil acum o jumătate de secol. Acolo, ca și în alte locuri, proporția femeilor angajate e minimă, sunt lăsate ultimele când e vorba să ocupe un post mai bun sau să fie avansate, sunt disprețuite, întrerupte sau ignorate când își expun o părere și adesea hărțuite.

Mama mea picta în ulei și avea un rafinat simț al culorii, dar cum nimeni nu o lua în serios, nu se lua nici ea. Crescuse în ideea că pentru că se născuse femeie era automat limitată; adevărații artiști și creatori erau bărbații. O înțeleg, căci în ciuda feminismului meu, mă îndoiam la rândul meu de capacitățile și de talentul meu; am început să scriu ficțiune când aveam aproape patruzeci de ani și cu senzația că invadam un teren interzis. Scriitorii faimoși, mai cu seamă cei ai Boom-ului hispanoamerican, erau bărbați. Mama mea se temea „să-și dea drumul la mână", după cum mi-a mărturisit; prefera să copieze, aici nu era nici un risc, nimeni n-avea să râdă de ea sau s-o considere pretențioasă. Și o făcea perfect. Ar fi putut persevera, ar fi putut studia, dar nu a încurajat-o nimeni, „tablouașele" ei erau doar un capriciu în ochii celorlalți.

Mie mi-au plăcut mereu, am adus cu zecile în California, îmi acoperă pereții biroului, ai casei, chiar și ai garajului. Panchita picta pentru mine. Știu că a regretat că n-a avut curajul să dea prioritate picturii, așa cum, în cele din urmă, am putut-o face eu cu scrisul.

Să vorbim despre pace. Manifestarea supremă a machismului e războiul. Majoritatea victimelor oricărui război nu sunt combatanții, ci femeile și copiii. Violența e principala cauză a morții femeilor între paisprezece și patruzeci și patru de ani, mai mult decât cancerul, malaria și accidentele de trafic luate la un loc. Femeile și fetele reprezintă 70% din victimele traficului de persoane – ai zice că este vorba de un război nedeclarat împotriva femeilor. Prin urmare, nu e de mirare că ne dorim în primul rând pacea pentru noi și copiii noștri.

Am văzut prima dată *Monologurile vaginului* de Eve Ensler, deja parte a culturii universale, împreună cu mama. Ne-a impresionat până la măduvă. La ieșire, mama mi-a spus că niciodată nu se gândise la vaginul ei, cu atât mai puțin să și-l privească în oglindă.

Eve Ensler și-a scris *Monologurile* în 1995, când cuvântul „vagin" era un termen considerat vulgar, pe care femeile abia de îndrăzneau să-l rostească înaintea ginecologului. Cartea s-a tradus în multe limbi, s-a jucat pe off-Broadway, în școli și colegii, pe stradă, în piețe și, clandestin, în subsoluri din țări unde femeile sunt lipsite de drepturi fundamentale. Autoarea a strâns astfel milioane de dolari pe care le-a folosit în programe de protecție a femeilor, pentru a le educa și a le stimula capacitatea de lider.

Eve, care a fost agresată sexual de propriul tată, a înființat V-Day, care are ca scop lichidarea violenței împotriva femeilor și fetelor pretutindeni în lume. În Congo, fundația ei a creat City of Joy, un refugiu pentru victimele războiului, femei și fete care au trecut prin răpiri, violuri, abuzuri, incest, exploatare, tortură sau mutilare genitală, care sunt în pericol de a fi omorâte din gelozie sau răzbunare, de a fi eliminate sau pentru că reprezintă o pagubă colaterală a conflictelor armate. Acolo ele încep să se însănătoșească, își regăsesc glasul, reîncep să cânte și să danseze, să-și spună povestea, învață să aibă încredere în ele însele și în celelalte, să-și regăsească sufletul. Se reîntorc în lume transformate. De decenii Eve asistă la atrocități inimaginabile, dar nu s-a descurajat: e convinsă să putem pune capăt acestui tip de violență în decurs de o generație.

Violul a devenit o armă. Femeile sunt primele victime ale armatelor de cucerire și ocupație, ale grupărilor paramilitare, ale gherilelor și mișcărilor militante de orice tip, inclusiv religioase, și, firește, ale grupurilor teroriste și bandelor, de pildă temutele *maras* din America Centrală. În ultimii ani, mai bine de o jumătate de milion de femei au fost violate doar în Congo, de la copilițe de câteva luni până la străbunice de optzeci de ani, mutilate, desfigurate, rănite grav, rămânând adesea cu fistule inoperabile.

Violul distruge corpul și viața victimelor, distruge însăși trama comunității. Sunt violați chiar și bărbații. Astfel, milițiile și armatele frâng voința și sufletul populației civile. Victimele suferă traume fizice și psihice cumplite și rămân mânjite definitiv; uneori sunt expulzate din familie sau din sat sau ucise cu pietre. Încă un caz în care vina e pusă pe seama victimei.

Kavita Ramdas, ex-președintă a *Global Fund for Women*, cea mai mare organizație non lucrativă dedicată promovării drepturilor femeilor, în prezent directoare a Programului pentru Drepturile Femeilor din cadrul Open Society Foundations, propune demilitarizarea lumii, un obiectiv care poate fi atins doar de femei, pentru că ele nu sunt seduse de atracția machistă a armelor și suferă efectul direct al unei culturi care exaltă violența.

Nimic nu e mai de temut decât violența cu impunitate, așa cum se întâmplă mai mereu pe timp de război. Unul dintre visurile noastre cele mai ambițioase este să punem capăt războaielor, numai că există prea multe interese create în jurul industriei de război; va fi nevoie de un număr critic de oameni dispuși să transforme acest vis în realitate pentru a înclina balanța către pace.

Imaginați-vă o lume fără armate, una în care resursele belice ar fi folosite pentru bunăstarea generală, în care conflictele s-ar rezolva la masa negocierilor, iar misiunea soldaților ar fi menținerea ordinii și promovarea păcii. Când acest lucru se va întâmpla ne vom fi depășit condiția de *Homo sapiens* și vom fi făcut saltul evolutiv spre *Contentus homo superior*.

Nu există feminism fără independență econo-
mică. Asta am văzut-o limpede încă din copi-
lărie referitor la situația mamei mele. Noi, femeile
avem nevoie de venituri proprii de care să dispu-
nem, iar pentru asta se cere educație, instruire și
un mediu familial și de muncă adecvat. Ceea ce nu
se întâmplă mereu.

Un ghid samburu din Kenya îmi spunea că tatăl
său îi căuta o soție care să fie o mamă bună pentru
copii, să aibă grijă de vite și de casă; la un moment
dat, l-ar ruga ea însăși să-și caute și alte neveste care
s-o ajute la treabă. M-a lămurit că dacă ea ar avea
alte opțiuni, echilibrul familiei și al comunității
s-ar fractura. Înțeleg rațiunile acelui ghid de a pre-
zerva o tradiție foarte convenabilă sieși, însă mi-ar
fi plăcut să stau de vorbă și cu logodnica ipotetică
și cu alte neveste din sat, care poate că nu erau chiar
atât de mulțumite de soarta lor și, dacă ar fi avut

acces la educația care li se refuză, ar fi aspirat la altfel de viață.

În 2015 se estima că două treimi din adulții analfabeți din lume sunt femei; majoritatea copiilor neșcolarizați sunt fete. Femeile sunt plătite mai prost decât bărbații pentru aceeași muncă; meseriile tradițional feminine – învățătoare, îngrijitoare etc. – sunt prost plătite, iar munca de acasă nu e valorizată și nici plătită. Lucru cu atât mai enervant în vremurile noastre, când femeile au un loc de muncă, pentru că salariul bărbatului nu ajunge decât în rare cazuri să țină familia, deci se întorc obosite și o iau de la capăt: copii, mâncare, curățenie. Trebuie să schimbăm cutumele și legile.

Trăim într-o lume dezechilibrată. Sunt locuri unde femeia se bucură, cel puțin în teorie, de autodeterminare, sunt altele unde e supusă bărbatului, exigențelor, dorințelor și capriciilor sale. În unele regiuni nu poate ieși din casă decât însoțită de o rudă apropiată de sex masculin, e lipsită de opinie, de putere de decizie asupra destinului propriu și al copiilor, de educație, de asistență medicală adecvată și de venituri; nu participă defel la viața publică și nici măcar nu decide când și cu cine să se mărite.

La jumătatea anului 2019 am citit în presă vestea bună că, în sfârșit, femeile din Arabia Saudită, care au mai puține drepturi decât un țânc de zece ani, pot conduce mașina fără să fie însoțite de un bărbat din familie. Asta după ce câteva membre ale casei regale au șters-o în toiul nopții și au cerut azil în străinătate pentru că nu suportau represiunea din țara lor. Numai că, deși pot conduce și călători legal, femeile au de suportat furia bărbaților din familie, care nu sunt de acord cu schimbarea. În plin secol XXI!

Dacă spun că eram feministă la cinci ani (și mă mândresc cu asta) nu e că aș ține minte, era ceva la nivel emoțional, înainte de a avea uzul rațiunii, ci pentru că așa mi-a povestit mama. Încă de pe atunci Panchita era cam speriată de fiica asta cam ciudată de care avusese parte. Când eram mică, în casa bunicului, bărbații din familie aveau bani, mașină, libertate de a pleca și a veni când aveau chef și autoritate în luarea tuturor deciziilor, până la cele mai mărunte, de exemplu meniul de la cină. Nimic din toate astea nu avea mama, care trăia din mila tatălui și a fratelui mai mare și în plus nu prea avea libertate de mișcare, căci în joc era reputația ei. Cât pricepeam eu pe atunci din toate acestea? Suficient ca să sufăr.

Dependența îmi producea în copilărie aceeași oroare ca și acum, drept care mi-am propus să muncesc de cum aveam să termin liceul ca să mă întrețin pe mine și, pe cât posibil, și pe mama. Bunicul obișnuia să spună că cine plătește comandă. A fost prima axiomă pe care a asimilat-o incipientul meu feminism.

Să vă spun câte ceva despre fundația mea, căci se leagă de cele de mai sus. (Puteți afla despre ce facem acolo pe *www.isabelallendefoundation.org*).

În 1994 a apărut cartea mea de amintiri *Paula*. Reacția cititorilor a fost extraordinară, poșta aducea zilnic zeci de scrisori în mai multe limbi de la oameni care fuseseră impresionați de povestea fiicei mele. Se identificau cu doliul meu, pentru că toată lumea are parte de pierderi și durere. S-a adunat un morman de corespondență în mai multe cutii; unele scrisori erau atât de frumoase, că după câțiva ani mai mulți editori din Europa au publicat o selecție. Am depus veniturile aduse de carte – care aparțineau fiicei mele, nu mie – într-un cont separat, întrebându-mă ce ar face Paula cu acești bani. M-am hotărât după memorabila călătorie în India: atunci s-a născut fundația mea, al cărei scop este să investească în puterea femeilor și fetelor în situație de mare risc, căci asta a fost și misiunea Paulei în scurta ei viață. A fost o decizie corectă: grație acestei fundații, care e susținută dintr-o parte consistentă a drepturilor mele de autor, fiica mea continuă să ajute. Vă închipuiți cât înseamnă asta pentru mine.

Nu trebuie să mi inventez protagonistele cărți lor mele, femei puternice și hotărâte, pentru că sunt înconjurată de ele. Unele au scăpat de la moarte și au suferit traume cumplite, au pierdut totul, chiar și copiii și i-au pierdut, dar merg mai departe. Nu numai că supraviețuiesc, dar merg înainte, unele ajung să fie lideri în comunitatea lor; se mândresc cu cicatricele de pe trup și din suflet, care stau mărturie rezistenței lor. Aceste femei refuză să fie considerate victime, au demnitate și curaj, se ridică și înaintează fără a-și pierde capacitatea de a viețui în iubire, compasiune și bucurie. Cu puțină empatie și solidaritate se recuperează și înfloresc.

Am și momente de descurajare. Când îmi spun că ceea ce face fundația este doar o picătură de apă într-un deșert de nevoi. Când sunt atâtea de făcut și resursele noastre sunt atât de limitate! Dar e vorba de o îndoială pernicioasă, căci îndeamnă să te speli pe mâini de suferința celorlalți. Atunci Lori, nora mea, care conduce acum fundația, îmi spune că impactul strădaniilor noastre nu se măsoară la scară universală, ci caz cu caz. Nu putem ridica din umeri la problemele ce par de nedepășit, trebuie să acţionăm. Şi îmi reaminteşte persoanele pline de abnegaţie şi curaj care lucrează pentru a uşura suferinţele şi durerile altora. Prin exemplul lor, ne obligă să exorcizăm demonul indiferenţei.

La fundație acțiunea noastră se canalizează către sănătate – inclusiv drepturile de reproducere –, educație, independență economică și protecție împotriva violenței și a exploatării. Începând cu anul 2016 ne ocupăm și de refugiați, mai ales la granița între Statele Unite și Mexic, unde există o criză umanitară printre miile de persoane care au fugit de violența din America Centrală și cer azil. Cei care suferă și riscă cel mai mult sunt femeile și copiii. Măsurile restrictive ale guvernului nord-american au anulat practic dreptul de azil.

Argumentul împotriva migranților este că aceștia profită de serviciile sociale, iau locurile de muncă ale localnicilor și schimbă cultura, un eufemism pentru a spune că nu este vorba de albi, numai că e lucru dovedit că, atunci când li se permite integrarea, dau țării mai mult decât primesc.

E o diferență între imigranți și refugiați. Primii decid să-și părăsească țara ca să-și amelioreze condițiile de viață. De regulă sunt tineri și sănătoși – bătrânii rămân pe loc – și încearcă să se adapteze cât mai repede posibil, privesc spre viitor și vor să prindă rădăcini. Refugiații fug ca să scape cu viață din conflictele armate, persecuție, criminalitate și sărăcie extremă. Sunt oameni disperați care se văd siliți să lase în urmă tot ce le era familiar și să caute azil în altă parte, unde probabil vor fi primiți cu ostilitate. Jumătate din cei șaptezeci de milioane de refugiați câți erau în 2018 erau femei și copii, iar cifra crește an după an.

Un refugiat se hrănește cu amintiri și nostalgie, privește spre trecut și visează să revină acasă, însă media de vârstă a celor care pleacă departe se situează între șaptesprezece și douăzeci și cinci de ani. Mulți nu vor reveni niciodată și vor fi mereu străini. Iar actuala criză globală, care în curând va fi agravată de schimbarea climatică, nu se înfruntă ridicând ziduri, ci ajutând la rezolvarea cauzelor care îi determină pe oameni să plece din locurile de baștină.

Trebuie să înțelegi că nici una nu-și pune copiii
într-o barcă,
doar dacă marea ar fi un loc mai sigur decât uscatul.
Nici una nu-și frige mâinile sub un tren, sub vagoane,
nici una nu petrece zile și nopți ascunsă într-un camion
mâncând hârtie, doar dacă
milele străbătute ar fi mai mult decât un voiaj de plăcere.
Nici una nu se târăște pe sub garduri, nici una nu
vrea să fie lovită, jelită.
Nici una nu alege un lagăr de refugiați
sau să fie percheziționată până o doare tot corpul
sau să ajungă la închisoare,
pentru că închisoarea e mai sigură decât un oraș în
flăcări,
iar un gardian de închisoare noaptea
e mai bun decât un camion plin de bărbați care
seamănă cu tatăl tău...

WARSAN SHIRE,
„Cămin"

147

Una dintre modalitățile cele mai eficiente de a avea un impact pozitiv în lume este investiția în femei. În zonele cele mai sărace, mamele dau în casă tot ce câștigă – bărbații doar o treime. Cu alte cuvinte, ele se ocupă de hrana, sănătatea și școala copiilor, în vreme ce ei cheltuiesc pentru ei, ca să se distreze sau să cumpere ceva care să le sporească prestigiul: un telefon mobil sau o bicicletă.

Am învățat că se pot face multe cu ceva ajutor. Dacă femeia are putere de decizie și venituri proprii, situația familiei se îmbunătățește; dacă prosperă familiile, progresează și comunitatea și, prin extensie, țara întreagă. Astfel se rupe ciclul sărăciei. Societățile cele mai înapoiate sunt cele unde femeia e supusă. Un adevăr evident adesea ignorat de guverne și de organizațiile non lucrative. Din fericire, situația se schimbă pe măsură ce tot mai multe femei au putere de decizie politică sau resurse pentru acte filantropice, destinate în special proiectelor feminine.

148

Femeile au nevoie să fie conectate. Poeta americană feministă Adrienne Rich spune că „legăturile între femei sunt cele mai temute, mai problematice și forța potențial transformatoare cea mai mare de pe planetă". O observație care ar explica poate de ce mulți bărbați nu se simt tocmai bine când se adună la un loc femeile. Poate cred că punem ceva la cale – uneori au dreptate.

Femeile simt nevoia să fie interconectate. Din negura timpurilor s-au adunat în jurul fântânii, în bucătărie, în jurul leagănului copiilor, pe câmp, apoi în fabrici și în cămine. Vor să-și povestească viața și să asculte poveștile celorlalte. Nimic nu e mai amuzant decât o discuție între femei, atât de intimă și personală. Chiar și bârfa e simpatică, de ce să negăm. Coșmarul nostru este să ne vedem excluse și izolate, pentru că singure suntem vulnerabile, doar împreună înflorim. Dar milioane de femei trăiesc ca în carantină, nu au libertate de mișcare decât în raza limitată a căminului.

Acum câțiva ani am vizitat împreună cu Lori o mică comunitate de femei din Kenya. Indicațiile primite erau destul de vagi, însă Lori, mult mai aventuroasă decât mine, mi-a zis să-mi pun o pălărie pe cap și am luat-o pe o cărăruie care șerpuia prin vegetație. Nu după mult timp, cărăruia a dispărut și am continuat o vreme orbește; eram sigură că ne rătăciserăm, numai că Lori crede că toate drumurile duc la Roma. Eram gata să încep să bocesc în hățiș, când am auzit glasuri: o melopee ondulatorie de voci feminine, precum valurile la malul mării. A fost busola care ne-a dus la Kibison.

Am ajuns într-o poiană unde erau câteva locuințe de bază și un fel de șopron mare unde se gătea, se mânca, se făcea școală, se cosea și se făcea artizanat. Urma să o cunoaștem pe Esther Odiambo, o femeie care ieșise la pensie după anii de muncă de la Nairobi și hotărâse să revină în satul ei din apropiere de Lacul Victoria. Unde dăduse de o adevărată tragedie. Bărbații veneau și plecau în căutare de lucru ca nomazii, nu exista stabilitate economică, prostituția prolifera, SIDA decimase populația și lichidase generația intermediară de tați și mame, rămăseseră numai bunicii și copiii. Femeile și bărbații mureau în aceeași măsură.

Când venise Esther se știau puține despre boală și forma de contagiune, care era atribuită unor cauze magice, nu exista nici tratamentul disponibil. Ea și-a propus să lupte cu superstițiile, să educe oamenii şi să ajute mai ales femeile cu puţinul pe care îl avea. Şi-a pus proprietatea la dispoziţia acestei cauze.

Când am ajuns, am văzut copii care se jucau, alţii care îşi făceau lecţiile scriind cu creta pe mici tăbliţe sau trasând litere şi cifre pe pământ cu un beţişor, în timp ce femeile găteau, spălau sau confecţionau obiecte de artizanat pe care le vindeau la piaţă. Ne-am prezentat în engleză, Esther Odiambo a fost pe post de interpret. Văzând că eram străine şi aflând că veneam de departe, femeile s-au bulucit în jurul nostru, ne-au servit un ceai roşu şi amar şi ne-au povestit viaţa lor, care se compunea mai ales din muncă, pierderi, durere şi iubire.

Erau văduve, neveste părăsite, adolescente însărcinate, bătrâne care îngrijeau nepoţi sau strănepoţi orfani. De exemplu, o femeie care părea să fie de vârstă foarte înaintată, deşi nici ea nu ştia câţi ani avea, care alăpta un prunc de câteva luni. Am rămas stupefiate, dar Esther ne-a spus că se întâmplă uneori ca o bunică să aibă lactaţie când un prunc trebuie hrănit. „Doamna să tot aibă optzeci de ani", a adăugat. Poate că exagera... Am povestit de multe ori întâmplarea şi pe aici nu mă crede nimeni, însă am văzut ceva asemănător într-un sătuc de pe malul lacului Atitlán, în Guatemala.

Poveştile femeilor din Kibison erau tragice, unele îşi pierduseră toată familia răpusă de SIDA, dar nu păreau triste. Adunate acolo împreună orice pretext era bun pentru a râde, a glumi, a râde una de alta şi toate de Lori şi de mine. „Când femeile se adună laolaltă devin vesele", a rezumat situaţia Esther Odiambo. Pe înserat, când am plecat, ne-au petrecut cântând. Cântau tot timpul femeile astea. E posibil să nu mai existe comunitatea din Kibison, căci aventura mea cu Lori s-a petrecut acum nişte ani, dar lecţia ei e de neuitat.

Şi nu-mi e deloc greu să-mi imaginez grupuri de femei precum cele din Kibison, de toate rasele, credinţele şi vârstele, aşezate în cerc şi împărtăşindu-şi istoriile, luptele şi speranţele, plângând şi râzând şi muncind împreună. Ce forţă ar produce acele grupuri! Milioane de femei interconectate ar putea pune capăt patriarhatului. N-ar fi rău. Trebuie să dăm o şansă acestei uriaşe resurse naturale şi renovabile care e energia feminină.

În anii '60, când pilula şi alte mijloace contraceptive au devenit accesibile, eliberarea femeilor a explodat. În fine, femeia putea avea o viaţă sexuală plenară fără teroarea unei sarcini nedorite. Imaginaţi-vă opoziţia religiei şi a machismului din Chile! Mi-am zis atunci că sfârşitul patriarhatului era inevitabil, dar suntem încă departe. Am obţinut mult, dar mai e mult de făcut. Drepturile noastre – atunci când le avem – sunt călcate în picioare cu orice pretext: război, fundamentalism, dictatură, criză economică sau catastrofă de un fel sau altul. În Statele Unite, în acest mileniu al doilea, se pune în discuţie nu doar dreptul la avort, dar şi mijloacele contraceptive pentru femei. Fireşte, nimeni nu suflă o vorbă despre dreptul bărbatului la vasectomie sau prezervativ.

Fundaţia mea ajută la finanţarea clinicilor şi programelor de control al fertilităţii, inclusiv avortul.

Un capitol care mă atinge direct, pentru că la opt-sprezece ani a trebuit să ajut o fată de cincisprezece, elevă de liceu, care rămăsese însărcinată. S-o numim Celina, nu-i pot da numele adevărat. Apelase la mine pentru că nu îndrăznise să le spună părinților; disperată, se gândea la sinucidere, atât de gravă era situația. În Chile avortul era pedepsit sever de lege, însă se practica pe scară largă (ca și în prezent) în mod clandestin. Condițiile erau și continuă să fie foarte periculoase.

Nu mai știu cum am făcut rost de numele cuiva care putea rezolva problema Celinei. Știu că am mers cu două autobuze până la un cartier modest, apoi am mers pe jos mai bine de o jumătate de oră ca să dăm de adresa pe care o aveam notată pe o hârtie. Am ajuns la un apartament situat la etajul al treilea al unui bloc de cărămidă dintr-un șir de alte zece identice de pe stradă, cu rufe puse la uscat pe balcoane și pubele care se revărsau.

Ne-a primit o femeie obosită; ne aștepta pentru că o sunasem în numele persoanei de contact. A strigat la cei doi copii care se jucau în sufragerie să se ducă în camera lor. Ei au ascultat-o imediat, pesemne că erau obișnuiți. În bucătărie, un aparat de radio răcnea știri și reclame.

A întrebat-o pe Celina când avusese ultima menstruație, a făcut calcule și a părut mulțumită. Ne-a spus că era rapidă și sigură și că, pentru niște bani în plus, va folosi anestezic. A pus o mușama pe singura masă de acolo, probabil cea pe care se mânca, i-a spus Celinei să-și scoată chiloții și să se urce. A examinat-o sumar și i-a instalat o perfuzie în vena brațului. „Am fost infirmieră, am experiență", ne-a liniștit ea. Rolul meu era să-i injectez prietenei mele anestezicul, puțin câte puțin, doar cât s-o amețesc. „Ai grijă să nu exagerezi", m-a avertizat.

În câteva secunde, Celina era semiconștientă, în mai puțin de un sfert de oră găleata de sub masă era plină de cârpe însângerate. N-am vrut să mă gândesc la ce-ar fi fost intervenția aia fără anestezie, cum se practica de obicei. Îmi tremurau mâinile, nu știu cum m-am descurcat cu seringa. La sfârșit, i-am cerut voie să mă duc la baie și am vomitat.

Celina s-a trezit după câteva minute; fără să-i dea timp să se dezmeticească, femeia ne-a expediat, nu înainte de a-i înmâna niște pastile învelite într-o bucată de hârtie: „Antibiotice, iei câte unul din douăsprezece în douăsprezece ore, timp de trei zile. Dacă faci febră sau ai hemoragie te duci la spital, dar n-o să fie cazul, am mână bună". Ne-a mai avertizat că dacă îi dăm numele sau adresa vom avea de suportat consecințe serioase.

N-am uitat niciodată experiența aceea de acum șaizeci de ani. Am descris-o în mai multe cărți și o retrăiesc în coșmaruri. Pentru Celina și milioanele de femei care trec prin așa ceva sunt absolut inflexibilă în apărarea drepturilor reproductive. Dacă avortul este legal și se face în condiții bune, nu reprezintă o experiență deosebit de traumatizantă – o demonstrează numeroase studii. Mai mult suferă cele care nu pot avorta în mod legal și se văd silite să ducă la capăt o sarcină nedorită.

Respect persoanele care resping avortul din rațiuni religioase sau de alt tip, însă e inacceptabil să impui astfel de criterii celor care nu împărtășesc aceleași idei. Este vorba de o opțiune care ar trebui să fie la îndemâna oricărei femei.

Anticoncepționalele ar trebui să fie gratuite și să fie disponibile oricărei fete care începe să aibă menstruație. Astfel, ar fi mai puține sarcini nedorite, numai că ele sunt scumpe, adesea e nevoie de rețetă de la medic, nu sunt acoperite de asigurările de sănătate și pot avea efecte secundare dezagreabile. În plus, nu sunt chiar sigure.

Povara planificării familiale cade pe seama femeii – mulți bărbați refuză să folosească prezervativul și ejaculează fără a se gândi la consecințe –, drept care ea e de vină dacă rămâne însărcinată: „N-a avut grijă". Există și o vorbă: „S-a trezit cu burta la gură", adică a lăsat să se întâmple și trebuie să suporte consecințele. Cei care se opun avortului nici nu se gândesc la responsabilitatea bărbatului, fără de care fecundarea ar fi imposibilă. Și nici nu se întreabă în mod serios de ce femeia alege să ducă la bun sfârșit o sarcină, ce motive practice sau emoționale au existat, ce ar însemna un copil în momentul respectiv din viața ei.

Eu am avut noroc, pentru că n-am trecut prin ce a trecut Celina și mi-am putut planifica familia – doar doi copii – mai întâi folosind pilula, apoi un dispozitiv intrauterin. Dar la treizeci și opt de ani n-am mai suportat nici una dintre metodele clasice și mi-am legat trompele. Atunci mi s-a părut o decizie inevitabilă, pe urmă am regretat, mai întâi pentru că m-am ales cu o infecție serioasă și apoi pentru că m-am simțit mutilată. De ce-a trebuit să trec prin asta? De ce n-a apelat bărbatul meu la o vasectomie, care e un procedeu mult mai simplu? Pentru că feminismul meu nu a fost atât de puternic ca să i-o cer.

Cele două nepoate ale mele au decis să nu aibă copii: cer prea multă treabă și planeta e suprapopulată. Pe de o parte, îmi pare rău că vor sări peste o experiență care pentru mine a fost minunată, pe de alta, mă bucură opțiunea acestor tinere. Numai că mă tem că ni se va stinge neamul, doar dacă singurul meu nepot nu va avea alte păreri și nu va găsi o parteneră care să i le împărtășească.

Secole la rând femeile și-au putut gestiona fertilitatea prin cunoașterea ciclului menstrual, sau cu ierburi și metode avortive, numai că aceste cunoștințe au fost extirpate din rădăcină. Ca o consecință a devalorizării femeii, bărbații și-au arogat dominația asupra corpului feminin.

Cine hotărăște câți copii poate avea sau dori o femeie? Bărbații din politică, religie și lege, care nu trec prin sarcină, naștere sau maternitate. Dacă legile, religia și cutumele vor stabili că responsabilitatea sarcinii o împart în mod egal tatăl și mama, bărbații ar trebui să nu se implice deloc. Căci este vorba de decizia personală a femeii. A avea control asupra propriei fertilități este un drept fundamental al omului.

În Germania nazistă avortul se pedepsea cu închisoarea, sarcina era obligatorie, iar cel ce practica avortul era condamnat la moarte. Reich-ul avea nevoie de copii. Mamele cu opt copii primeau o medalie de aur. Într-o serie de țări din America Latină legile sunt atât de draconice, încât dacă o femeie face avort spontan poate fi acuzată că și l-a provocat și face ani de închisoare. În Chile, în anul 2015, Belén, o fetiță de unsprezece ani, violată de tatăl vitreg și rămasă însărcinată, n-a avut voie să avorteze în ciuda presiunii organizațiilor civice și a scandalului internațional.

Avortul trebuie scos de sub incidența legii penale, să nu mai fie pedepsit. Ceea ce nu e același lucru cu a-l legaliza, pentru că legile sunt impuse de patriarhat și, legalizându-l, puterea rămâne în mâna judecătorilor, polițiștilor, politicienilor și altor structuri masculine. Ca o paranteză, din același motiv lucrătoarele sexuale nu doresc legalizarea prostituției, ci depenalizarea ei.

Și ceva anecdotic pe marginea temei: Steve King, congresmen al Statelor Unite, a propus abolirea dreptului la avort chiar și în caz de viol sau incest, căci „ce s-ar întâmpla dacă ne-am apuca să verificăm toți arborii genealogici și am elimina pe oricine a fost rodul violului sau incestului? Ar mai rămâne ceva din populația lumii? Având în vedere toate războaiele, toate violurile și jafurile care au avut loc în diverse țări, n-aș băga mâna în foc nici pentru mine“. Cu alte cuvinte, o pledoarie pentru viol și incest ca un lucru natural și normal. Propunerea a fost semnată de optzeci și patru de congresmeni ai Partidului Republican.

160

Alt congresmen american, Todd Akin, a spus că sarcina prin viol apare extrem de rar, pentru că are corpul feminin modalități prin care se închide pentru a o preveni. Pretinde Akin că uterul ar cunoaște în mod magic deosebirea între „violul legitim" (?) și altă formă de sex. Acest „geniu" era membru al Comitetului pentru Știință, Spațiu și Tehnologic.

În Statele Unite există treizeci și două de mii de denunțuri pe an pentru cazuri de sarcină în urma violului.

Femeile vor să aibă control asupra vieţii lor, nu numai asupra fertilităţii lor, dar asta nu e posibil dacă sunt supuse violenţei domestice şi soarta lor e în mâinile abuzatorului. Demult, către finele anilor '60 şi începutul anilor '70, pe când lucram ca ziaristă în Chile, am făcut mai multe reportaje în localităţi foarte sărace, cu case de carton şi tablă, cu bărbaţi fără loc de muncă şi pradă alcoolului, cu femei copleşite de copii, trăind în mizerie, abuzuri şi exploatare. O scenă la ordinea zilei era venirea acasă a bărbatului, beat sau doar supărat, care se apuca să-şi bată nevasta şi copiii. Poliţia nici nu intervenea, în parte din indiferenţă – probabil şi ei procedau la fel în casele lor –, iar de pe altă parte pentru că nu puteau pesemne pătrunde undeva fără un ordin de percheziţie. Ce au făcut vecinele? Imediat ce auzeau ţipetele femeii sau ale copiilor, năvăleau cu tigăi şi linguroaie şi puneau agresorul la punct. Un sistem eficient şi expeditiv.

Recunosc cu rușine că pe atunci, dar și acum, Chile era una dintre țările cu cel mai ridicat indice de violență domestică din lume, deși e posibil ca acest lucru să se datoreze faptului că acolo cazurile se denunță mai mult decât în alte țări și există statistici. Fenomenul are loc în toate clasele sociale, dar în „lumea bună" e ținut ascuns. Uncori nu e vorba de maltratare fizică, ci de tortură psihologică și de abuz emoțional, dar și acestea pot fi la fel de dăunătoare.

O femeie din trei are parte în viață de un fel sau altul de abuz fizic sau sexual, indiferent de vârstă sau înfățișare. Iată un cântec compus în 2019 de patru tinere chiliene, care s-a răspândit în toată lumea ca un imn feminist, a fost tradus în multe limbi și a fost cântat pe străzi și în piețe de mii și mii de femei cu ochii acoperiți. Corpul Carabinierilor (Poliția) din Chile, cunoscut pentru metodele sale agresive, a făcut plângere penală la tribunal împotriva grupului LASTESIS pentru „amenințări la adresa instituției, atentat la autoritate și incitare la ură și violență". Ceea ce a provocat o reacție internațională de sprijin pentru autoare.

În puține cuvinte, cântecul rezumă experiențele și temerile oricărei femei.

Patriarhatul e un judecător care ne judecă pentru că
                                        ne-am născut,
iar pedeapsa noastră e violența pe care n-o vezi.
Este feminicidul.
Impunitatea pentru asasinul meu.
Este dispariția.
Este violul.
Dar vina nu era a mea,
n-am fost de vină pentru că eram acolo
sau pentru că eram îmbrăcată așa cum eram.
Violatorul ai fost tu.

LASTESIS,
Un violator în drumul tău

Violența împotriva femeilor a existat de mii de ani, astfel că, instinctiv, evităm să ne aflăm în situații de risc. Ceea ce ne limitează serios mișcările. Ceea ce un bărbat poate face fără probleme, de exemplu să se plimbe noaptea pe stradă, să intre într-un bar sau să facă autostopul pe șosea, nouă ne aprinde beculețul de alarmă: chiar merită să riscăm?

Atât de masivă este violența domestică în Chile, încât prima noastră femeie-președinte, Michelle Bachelet (2006–2010 și 2014–2018) și-a stabilit ca principală prioritate combaterea ei prin educație, informație, adăposturi și legi de protecție. În plus, a dat acces liber și gratuit la anticoncepționale, dar Congresul nu a aprobat și o lege care să depenalizeze avortul.

Viața acestei eroine e un adevărat roman. A studiat medicina, căci era o formă concretă de a ajuta oamenii în suferință, după cum a spus într-un interviu, specializându-se în pediatrie. În primele zile de după puciul militar din 1973, tatăl ei, generalul Alberto Bachelet, a fost arestat de tovarășii de arme pentru că refuzase să se alăture mișcării împotriva guvernului democratic și a murit în martie 1974 sub tortură, după ce a făcut stop cardiac. Michelle și mama ei au fost arestate de poliția politică și torturate în celebra Villa Grimaldi – actualmente un muzeu al atrocităților din acea perioadă. A fost salvată, a plecat în exil în Australia, apoi în Germania de Est. După câțiva ani a revenit în Chile unde și-a completat studiile de medicină. În 1990, când a revenit democrația, și-a început cariera politică.

În calitate de ministru al Sănătății, Michelle a autorizat distribuirea „pilulei de a doua zi" femeilor și fetelor de peste paisprezece ani pentru a evita sarcina imediat după actul sexual. În Chile, unde Biserica Catolică și partidele de dreapta sunt foarte puternice și unde avortul e ilegal, măsura a iscat o opoziție uriașă, dar în același timp i-a atras respect și popularitate.

În 2017 Congresul chilian a aprobat avortul în trei situații: pericol imediat de moarte a mamei, patologia embrionului incompatibilă cu viața și viol. Se poate face în primele douăsprezece săptămâni – paisprezece, dacă e vorba de fete de până la paisprezece ani. Restricțiile impuse chiar și în aceste cazuri sunt atât de numeroase, încât legea se transformă într-o glumă destinată femeilor care cer aplicarea ei. În manifestațiile masive care au urmat, multe femei defilau cu pieptul descoperit, subliniind în acest fel că erau stăpâne pe corpul lor.

În 2002 Michelle a fost numită ministru al apărării, fiind prima femeie din America Latină care ocupa acest post și una din puținele din lume. I-a revenit sarcina herculeeană de a încerca reconcilierea între militari și victimele dictaturii și de a obține promisiunea Forțelor Armate că nu se vor mai ridica nicicând împotriva democrației.

Îmi e greu să-mi imaginez cum de-a putut femeia asta să treacă peste traumele trecutului și să se înțeleagă cu instituția care nu doar că a instaurat un regim de teroare în țara ei timp de șaptesprezece ani, dar i-a și ucis tatăl, le-a torturat pe ea și pe mama ei și a trimis-o în exil. Unul dintre torționarii ei locuia în aceeași clădire cu ea și se întâlneau la lift. Întrebată de necesitatea reconcilierii naționale, Michelle Bachelet răspundea că e vorba de o decizie personală; nimeni nu poate obliga la iertare pe cei care au suferit de pe urma represiunii. Țara trebuie să meargă mai departe spre viitor purtând pe umeri povara grea a trecutului.

Voi păși din nou pe străzile
vechiului Santiago însângerat,
și într-o frumoasă piață eliberată
mă voi opri să-mi plâng morții.

PABLO MILANÉS,
Voi păși din nou pe străzi

Califului din Bagdad i-ar fi plăcut să afle că noi, femeile, vrem în primul rând dragoste. Avem noi ceva în creier, un soi de tumoare, care ne împinge spre dragoste. Nu putem trăi fără dragoste. Din dragoste ne suportăm copiii și bărbații. O abnegație care ajunge să fie o formă de servitute. Ați observat că individualismul și egoismul sunt considerate trăsături pozitive la bărbați, dar defecte în cazul femeilor? Noi tindem să ne lăsăm pe planul doi când e vorba de copii, parteneri, părinți și aproape toți ceilalți. Ne supunem și ne sacrificăm din dragoste, iar asta ni se pare culmea nobleței. Cu cât suferim mai mult din dragoste, cu atât mai nobile suntem – cum se vede limpede în telenovele. Cultura exaltă amorul ca pe culmea sublimului și noi picăm voluntar în această plasă delicioasă din cauza tumorii pe care o avem în creier. Nu mă exclud, tumoarea mea e dintre cele mai maligne.

Nu mă voi referi la dragostea maternă: e intușabilă și orice glumă în acest sens mă costă scump. Odată i-am spus fiului meu, Nicolás, că în loc să toarne copii să-și ia un cățel; nu mi-a iertat-o niciodată. S-a căsătorit la douăzeci și doi de ani și a avut trei copii în cinci ani. Are un instinct maternal supradezvoltat. Nepoții mei sunt rcușiți, dar îmi plac și câinii.

Nu îndrăznesc să critic dragostea obsesivă a mamelor, căci este, neîndoielnic, singurul motiv al supraviețuirii speciilor, de la lilieci până la tehnocrați. Și nici la dragostea pentru natură, pentru Dumnezeu, zei și zeițe sau alte concepte similare nu mă voi referi, pentru că asta nu e nici pe departe o dizertație elevată, ci doar o discuție informală.

Să vorbim, în schimb, despre dragostea romantică, această iluzie colectivă care a devenit un produs de consum printre altele. Industria romantismului se ia la întrecere cu traficul de droguri în materie de adicție. Presupun că romantismul arată altfel în funcție de fiecare femeie, nu toate sunt obsedate de vreun actor de cinema, ca mine, or fi unele care se îndrăgostesc de un batracian, precum prințesa din basm. În cazul meu, aspectul fizic al victimei nu contează, cu condiția să miroasă bine, să aibă toți dinții și să nu fumeze, însă am alt gen de pretenții, destul de greu de găsit împreună în viața reală: tandrețe, simț al umorului, inimă bună, răbdare să mă suporte și alte calități de care acum nu-mi aduc aminte. Din fericire, actualul meu iubit le posedă din belșug.

A venit momentul să vă vorbesc despre Roger, cum v-am promis.

Lecțiile de neuitat ale școlii de rigoare a bunicului mi-au fost de mare folos, mi-au călit caracterul și m-au ajutat să merg înainte în clipe adverse, însă au avut o influență negativă în relațiile mele amoroase, pentru că nu mă las pradă; sunt autosuficientă și-mi apăr independența, nu-mi e deloc greu să dau, dar mi-e greu să primesc. Nu accept favoruri decât dacă le pot returna, detest să primesc cadouri și refuz să fiu serbată de ziua mea. O provocare majoră a fost să-mi accept vulnerabilitatea, dar acum îmi este mai ușor grație noii mele iubiri, care sper să fie ultima.

Într-o zi de mai din 2016, un avocat văduv din New York, pe nume Roger, m-a auzit la radio în mașină în timp ce mergea din Manhattan la Boston. Îmi citise vreo două cărți și pesemne că i-o fi

atras atenția ceva din ce vorbeam la radio, pentru
că mi-a scris la birou. I-am răspuns, el a continuat
să-mi scrie în fiecare dimineață și seară timp de
cinci luni. De obicei, răspund doar primului mesaj
al cititorilor mei, căci mi-ar trebui încă o viață să
întrețin o corespondență regulată cu sutele de oa-
meni care-mi scriu, dar tenacitatea văduvului din
New York m-a impresionat și astfel am rămas în
contact.

Chandra, asistenta mea de atunci, pasionată de
seriale cu detectivi și cu un miros de copoi, a avut
ideea să afle cât mai mult despre misteriosul văduv,
care putea la fel de bine să fie un psihopat, nu se
știe niciodată. E incredibil câte informații poți afla
dacă te apuci să cauți, astfel că Chandra mi-a dat
un raport complet, inclusiv marca mașinii și numele
celor cinci nepoți ai tipului. Soția îi murise cu câțiva
ani înainte, trăia singur într-un căsoi din Scarsdale,
lua zilnic trenul ca să meargă la serviciu în Manhattan,
își avea biroul pe Park Avenue etc. „Pare în regulă,
dar nu poți avea încredere în nimeni, dacă e un
imitator al arhitectului acela al Brendei?"a conchis
Chandra.

În octombrie am plecat la New York pentru o
conferință și în sfârșit ne-am cunoscut. Am consta-
tat că Roger era cel care se prezentase în e-mailurile
trimise plus ce aflase Chandra: un tip transparent.
Mi-a plăcut, dar nu a fost o pasiune fulgerătoare
ca în cazul lui Willie, când aveam patruzeci și cinci

de ani. Cum vă spuneam: hormonii sunt determinanți. M-a invitat la cină; după o jumătate de oră l-am întrebat de-a dreptul ce intenții avea, căci la vârsta mea nu mai aveam timp de pierdut. Era să se înece cu ravioli, dar n-a rupt-o la goană, cum aș fi făcut eu dacă m-ar fi încolțit el în același mod.

Am stat împreună trei zile, trebuia să mă întorc în California, timp în care Roger s-a hotărât să nu mă mai lase: în drum spre aeroport mi-a propus să ne căsătorim. I-am răspuns cum se cuvine să răspundă o respectabilă doamnă matură: „Fără căsătorie, dar dacă vrei să vii destul de des în California putem fi amanți, ce zici?" Săracul de el, ce era să zică? Da, bineînțeles.

Așa am procedat preț de câteva luni, până când efortul de a ne vedea în weekend după șase ore de avion a devenit cam dur. Atunci Roger și-a vândut căsoiul ticsit de mobilă, obiecte și amintiri, a dăruit toate lucrurile și s-a mutat în California doar cu bicicleta și hainele, pe care le-am înlocuit rapid, că erau demodate. „Am rămas fără nimic. Dacă nu iese, am să dorm sub poduri", m-a avertizat el, îngrijorat.

Timp de un an şi şapte luni ne-am pus la încercare vieţuind în casa mea de păpuşi împreună cu cele două căţele. Amândoi am făcut concesii, eu pentru că e dezordonat, el pentru că sunt excesiv de punctuală şi poruncitoare şi sunt obsedată de scris, care nu-mi lasă mult timp pentru altceva. Am învăţat dansul delicat al cuplurilor care se înţeleg bine, care ne face să nu ne călcăm pe picioare pe ring. Atunci, odată siguri că ne puteam suporta reciproc, ne-am căsătorit, pentru că el e un tip mai curând tradiţionalist şi nu îi place ideea de a trăi în păcat.

A fost o nuntă intimă, doar cu copiii şi nepoţii noştri. Care sunt încântaţi de unirea noastră: deocamdată nu trebuie să aibă grijă de noi, ne îngrijim unul pe altul cât se va putea.

Mama ar fi şi ea bucuroasă. Cu câteva zile înainte de a muri m-a rugat să mă mărit cu Roger ca să nu rămân bătrână și singură. I-am spus că nu mă simțeam nici bătrână, nici singură: „Dacă am un amant perfect, la ce bun să am un soț imperfect?" „Amanții nu rezistă, dar un soț este o pradă sigură", a fost răspunsul ei.

Nu-mi prea convine să recunosc, dar depind de iubitul meu în multe acțiuni care înainte nu-mi puneau nici un fel de probleme, precum alimentatul mașinii și schimbatul bujiilor. Roger s-a născut în Bronx, e fiu de polonezi, are mâini mari de țăran și o fire bună; mă ajută în toate fără să mă facă să mă simt o toantă împiedicată. Sunt mulțumită că am ascultat de mama și m-am măritat cu el. Este o minunată pradă și sper să nu se schimbe.

Fiul meu l-a întrebat pe Roger ce a simțit când m-a cunoscut. „M-am simțit ca un adolescent. Chiar și acum mă simt ca un copil care se trezește în fiecare dimineață știind că va merge la circ", a răspuns el, înroșindu-se. Totul e relativ. Pentru mine, aceasta este perioada cea mai tihnită din viața mea, lipsită de orice melodramă. În schimb, lui Roger i se pare că toate zilele cu mine sunt la fel de însuflețite și nu lasă loc plictiselii. Poate că îi lipsește un pic de plictis.

Și ce-am simțit eu când l-am cunoscut pe Roger? Curiozitate și un anume neastâmpăr în capul pieptului, care înainte mă îndemna la imprudențe și acum îmi spune să pășesc încet și cu grijă, dar nu-l iau în seamă. Atât în teorie, cât și în practică, mă ghidez după un mare „DA" spus vieții și-am să văd eu pe parcurs cum mă descurc.

Pe scurt: dacă eu am reușit să am un iubit, există speranță pentru orice bunicuță care își dorește un partener.

Să revii la șaptesprezece ani
după ce ai trăit un secol
e ca și cum ai descifra niște semne
fără să fii un mare savant,
să fii din nou la fel de fragilă ca o secundă,
să te poți simți din nou
precum un copil înaintea lui Dumnezeu,
așa mă simt și eu
în această clipă fecundă.

VIOLETA PARRA,
Să revii la șaptesprezece ani

Tinerii mă întreabă cum e să iubeşti la vârsta mea. Li se pare de mirare că mai pot vorbi fluent, darămite să mă îndrăgostesc. Ei bine, e la fel ca dragostea de la şaptesprezece ani, cum ne spune Violeta Parra, dar cu o senzaţie de urgenţă. Lui Roger şi mie ne rămân puţini ani înainte. Timpul trece tiptil, ca pe vârfuri, ca în glumă, şi dintr-o dată ne sperie dacă ne privim în oglindă şi ne loveşte din spate. Fiecare minut e preţios şi nu-l putem irosi prin neînţelegeri, nerăbdare, gelozie, meschinării şi atâtea alte tâmpenii care murdăresc o relaţie. De fapt, este o formulă care se poate aplica la orice vârstă, pentru că toate zilele sunt numărate. Dacă aş fi făcut-o înainte, n-aş avea două divorţuri la activ.

În cartea ei *Men Explain Things to Me,* Rebecca Solnit spune că „Feminismul este înverşunarea de a schimba ceva foarte vechi, generalizat şi cu rădăcini adânci în multe culturi ale lumii, poate majoritatea, în nenumărate instituţii, în aproape toate căminele de pe Terra şi în propriile noastre minţi, unde începe şi se termină totul. E uimitor câte s-au schimbat în doar patru sau cinci decenii. Iar faptul că nu s-a schimbat încă totul într-o manieră definitivă, permanentă şi irevocabilă nu înseamnă un eşec".

Să demontezi sistemul pe care se bazează civilizaţia e ceva foarte dificil şi cere timp, dar vom reuşi, încet-încet. Sarcina complexă şi fascinantă de a inventa o nouă ordine care să-l înlocuiască e de lungă durată. Facem doi paşi înainte şi unul înapoi, ne împiedicăm, cădem, ne ridicăm iar, comitem greşeli şi celebrăm victorii efemere. Există momente de mare dezamăgire şi altele de mare entuziasm, cum a fost cazul mișcării #MeToo și al manifestațiilor masive ale femeilor din multe orașe ale lumii. Nimic nu ne poate opri dacă împărtășim o viziune a viitorului și suntem hotărâte să o aducem la realitate.

Patriarhatul nu a existat dintotdeauna, nu este inerent condiției umane, ci impus prin cultură. Noi ținem socoteala existenței noastre pe planetă începând cu inventarea scrisului în urmă cu aproximativ cinci mii de ani în Mesopotamia, adică nimic în comparație cu cele două sute de mii de ani de când există *Homo sapiens*. Istoria o scriu bărbații, care exaltă sau omit faptele după bunul lor plac; jumătatea feminină a omenirii e ignorată în istoria oficială.

Înainte de Mișcarea pentru Eliberarea Femeii punea cineva sub semnul întrebării postulatele machismului? Se vorbea despre rasism, colonizare, exploatare, proprietate, distribuția resurselor și alte manifestări ale patriarhatului, însă femeile nu erau incluse în aceste analize. Se presupunea că împărțirea de gen era un imperativ biologic sau divin și că puterea corespundea în mod firesc bărbaților. Dar nu a fost mereu așa, înainte de dominația masculină au existat alte forme de organizare. Să încercăm să ni le reamintim sau să ni le imaginăm.

Este posibil să mai apuc să văd mari schimbări până să mor, pentru că tinerii sunt aliații noștri, ai femeilor. Se grăbesc. Sunt sătui de modelul economic, de distrugerea sistematică a naturii, de guvernele corupte, de discriminarea și inegalitatea care ne separă și produce violență. Lumea pe care o vor moșteni și pe care vor trebui să o gestioneze li se pare dezastruoasă. Viziunea unei lumi mai bune o împărtășesc activiști, artiști, oameni de știință, ecologiști și grupări spirituale independente de orice formă de religie organizată – care sunt, aproape fără excepție, instituții retrograde și machiste – plus mulți alții. Sunt multe de făcut, prieteni și prietene. Trebuie să facem curățenie și ordine în casa noastră.

Mai întâi, trebuie să terminăm cu patriarhatul, cu această civilizație milenară care exaltă valorile (și defectele) masculine și supune jumătatea feminină a omenirii. Trebuie să punem sub semnul întrebării totul, de la religie și legi, până la știință și obiceiuri. O să ne enervăm serios, în asemenea măsură încât furia noastră să facă praf fundamentele care susțin această civilizație. Docilitatea, exaltată ca o virtute feminină, este cel mai mare dușman al nostru, nu ne-a folosit niciodată la nimic, le convine doar bărbaților.

Respectul, supunerea și teama care ni se inculcă încă din leagăn ne fac atât de mult rău că nici măcar nu suntem conștiente de puterea noastră. O putere atât de mare, încât primul obiectiv al patriarhatului este să o anuleze prin toate mijloacele posibile, inclusiv cele mai rele forme de violență. Iar metoda dă rezultate atât de bune, încât adesea – prea des – marii apărători ai patriarhatului sunt femei.

Activista Mona Eltahwy, care-și începe toate conferințele cu „Jos patriarhatul!", spune că trebuie să sfidăm, să ignorăm și să distrugem regulile. Altă cale nu există. Există nenumărate motive care induc frica de confruntare, după cum o dovedesc cifrele înspăimântătoare ale femeilor vândute, bătute, violate, torturate și ucise cu impunitate în lumea întreagă, ca să nu mai pomenesc celelalte modalități, mai puțin letale, de a ne reduce la tăcere și a ne speria. Sfidarea, ignorarea și distrugerea regulilor le revine tinerelor fete, care n-au ajuns încă la responsabilitatea de a fi mame, și bunicelor, care au depășit etapa fertilă.

184

E momentul ca femeile să participe la gestionarea acestei lumi jalnice în aceeași măsură ca bărbații. Adesea, femeile de la putere se comportă ca niște bărbați duri, căci e singura formă în care pot intra în competiție și comanda, dar când vom atinge un număr critic de poziții de putere și conducere vom putea înclina balanța către o civilizație mai dreaptă și egalitaristă.

Acum mai bine de patruzeci de ani, Bella Abzug, faimoasa activistă și deputată de New York, a rezumat acest lucru în următoarea frază: „În secolul XXI femeile vor schimba natura puterii, în loc ca puterea să schimbe natura femeilor".

Odată, pe când avea vreo douăzeci de ani, fiica mea, Paula, mi-a sugerat să nu mai vorbesc atâta despre feminism pentru că nu mai era la modă și nu era sexy. Se percepea atunci reacția de respingere din anii '80 a mișcării de eliberare a femeilor, care obținuse atâtea succese. Am avut o ceartă monumentală în care am încercat să-i explic că feminismul, la fel ca orice revoluție, era un fenomen organic, supus în permanență schimbărilor și revizuirilor.

Paula făcea parte dintr-o generație privilegiată de tinere, care primiseră beneficiile luptei mamelor și bunicelor și se așezaseră pe lauri, imaginându-și că totul era rezolvat. I-am arătat că marea majoritate a femeilor nu se bucură de aceste beneficii și își acceptă resemnate soarta. Convinse, cum îmi spusese mama, că așa e lumea și nu se poate schimba. „Dacă nu-ți place termenul feminism dintr-un motiv sau altul, caută altul; numele nu contează, important e să acționezi pentru tine însăți și pentru surorile tale din toată lumea", i-am mai spus. Mi-a răspuns cu un oftat și cu privirile în tavan.

Bărbații au fost tare isteți când le-au descris pe feministe ca pe niște vrăjitoare isterice și păroase; pe bună dreptate, tinerele precum Paula erau speriate de acest cuvânt care putea pune pe fugă orice pretendent. Dar trebuie să vă spun că după ce a terminat facultatea și a început să lucreze a îmbrățișat cu entuziasm ideile băute odată cu laptele matern. Avea un logodnic dintr-o familie siciliană, un tânăr încântător, care o aștepta să învețe să gătească paste ca să se mărite și să-i facă șase copii. A fost de acord că studia psihologia, putea să-i fie de folos la creșterea copiilor, însă a rupt logodna când Paula a decis să se specializeze în sexologie: îi era intolerabil gândul că va măsura penisurile și orgasmele altor bărbați. Nu-i găsesc nici o vină, bietul băiat.

Au trecut mulți ani de la moartea fiicei mele și încă mă mai gândesc la ea în fiecare seară înainte de a adormi și dimineața la trezire. Mi-e tare dor de ea… Ar fi fost bucuroasă să vadă că acum există un nou val de feministe tinere, sfidătoare, pline de umor și creativitate.

Aceasta este o perioadă foarte fericită pentru mine. Fericirea nu e nici exuberantă și nici zgomotoasă, ca veselia sau plăcerea; este tăcută, calmă, suavă, este o stare interioară de bunăstare în care încep să mă iubesc pe mine însămi. Sunt liberă. Nu am de dovedit nimic nimănui, nu trebuie să mă ocup de copii sau de nepoți, cu toții sunt de-acum adulți. M-am realizat, cum ar spune bunicul meu, și am făcut mult mai mult decât mă așteptam.

Sunt oameni care-și fac planuri, care se gândesc la o carieră, dar cum spuneam mai devreme, nu a fost cazul meu. Singurul scop pe care l-am avut încă de copilă a fost să mă întrețin singură, și am reușit, dar restul drumului l-am parcurs orbește. Cum spunea John Lennon: „Viața e ceea ce se întâmplă când ești ocupat să-ți faci alte planuri." Cu alte cuvinte, viața se trăiește mergând fără hartă și fără să te întorci din drum. Nu am avut control asupra marilor evenimente care mi-au hotărât destinul sau personalitatea: dispariția tatălui meu, puciul militar din Chile și exilul, moartea fiicei mele, succesul romanului *Casa spiritelor*, trei copii vitregi care se drogau, două divorțuri. S-ar putea spune că am avut control asupra divorțurilor, dar succesul matrimonial depinde de ambii participanți.

Bătrânețea mea este un dar prețios. Mintea încă îmi funcționează. Îmi place mintea mea. Mă simt mai ușoară. M-am eliberat de nesiguranță, de dorințe iraționale, de complexe inutile și alte păcate capitale care nu merită osteneala. Las lucrurile să curgă... Ar fi trebuit s-o fac mai devreme.

Lumea vine și pleacă, chiar și membrii apropiați ai familiei se dispersează. Nu slujește la nimic să te agăți de cineva sau de ceva, universul întreg tinde spre separare, dezordine și entropie, nu spre coeziune. Am optat pentru o viață simplă, cu mai puține lucruri materiale și mai mult timp liber, mai puține preocupări și mai multă distracție, mai puține angajamente sociale și mai multă prietenie adevărată, mai puțină zarvă și mai multă liniște.

Nu știu dacă aș fi reușit toate astea dacă n-aș avea succes cu cărțile mele, ceea ce mă scapă de instabilitatea economică de care suferă majoritatea bătrânilor. Mă bucur de libertate pentru că am resursele necesare pentru a trăi așa cum vreau. E un privilegiu.

În fiecare dimineață, când mă trezesc, după ce le salut pe Paula, pe Panchita și alte spirite prezente, când e încă întuneric și liniște în cameră, îmi chem înapoi sufletul, care umblă pe tărâmul viselor, și ridic mulțumiri pentru ceea ce am, mai ales dragoste, sănătate și scris. Mulțumesc și pentru viața plenară și pasionată pe care am avut-o și voi continua să o am. Nu sunt pregătită să-mi predau torța – sper să nu fiu niciodată. Vreau să aprind cu ea torțele fiicelor și nepoatelor. Care vor trebui să trăiască pentru noi, așa cum și noi am trăit pentru mamele noastre, și să continue o treabă pe care am lăsat-o neterminată.

Scriu aceste pagini în martie 2020, închisă cu Roger în casa noastră din cauza crizei provocate de Coronavirus. (În locul acestor reflexii ar trebui să scriu un roman inspirat din García Márquez, *Dragostea în vremea Coronavirusului*.) La vârsta noastră, dacă Roger sau eu ne infectăm cu virusul, ne-am ars. Nu ne putem plânge, ne aflăm de o mie de ori mai în siguranță decât eroii de azi – femeile și bărbații care luptă în linia întâi – și mai confortabil decât majoritatea celor obligați să rămână în casă până la noi ordine. Mă gândesc neliniștită la bătrânii singuri, la bolnavi, la cei fără locuință, care supraviețuiesc cu te miri ce, la cei din case insalubre sau din lagărele de refugiați, la atâția alții care suportă starea de urgență lipsiți de resurse.

Roger și cu mine avem noroc. Cățelele ne distrează, nu ne plictisim. Roger lucrează de la distanță la masa din sufragerie, eu scriu în mansardă, în orele libere citim și vedem filme la televizor. Încă e voie să ieși la plimbare, cu condiția să menții o distanță de doi metri între persoane, iar asta ne ajută să ne limpezim mintea. Poate că e luna de miere pe care n-am avut-o pentru că eram prea ocupați. Mărturisesc că în ciuda restricțiilor pandemiei uneori avem invitați la masă. Roger îi are prin Zoom pe copiii și nepoții săi din Washington și Boston; pregătesc aceeași mâncare în cele trei case, se așază la masă și stau de vorbă la un pahar de vin. Invitații mei sunt spiritele benefice care mă însoțesc în viață și câteva personaje literare. A venit să mă vadă și Eliza Sommers. Nu mai e fata îndrăgostită din regiunea sălbatică a febrei aurului, e o bătrână puternică și înțeleaptă, care poartă la gât o punguță cu un pic din cenușa bărbatului ei. Am vorbit despre carte și i-am povestit ce progrese am făcut noi, femeile, în ultimul secol și jumătate. Nu știu dacă m-a crezut.

Roger și cu mine stăm de câteva săptămâni în izolarea asta ciudată, până acum e bine, dar mă tem că dacă criza se prelungește prea mult o să ni se termine răbdarea, tandrețea și disciplina care ne fac să ne suportăm reciproc. Conviețuirea forțată e iritantă. Se spune că în China, unde s-a instituit pentru prima dată carantina, sute de mii de cupluri au cerut divorțul.

Nimeni nu-și amintește o catastrofă globală de o asemenea amploare. În situațiile extreme iese la iveală tot ce e mai bun și mai rău în om, apar eroii și ticăloșii. Iese în evidență și caracterul popoarelor: în Italia lumea iese la balcon și cântă arii din opere ca să-și ridice moralul, în alte locuri se cumpără arme. Și tocmai am aflat că în Chile au sporit vânzările la ciocolată, vin și prezervative.

Cum am fi putut să ne imaginăm că în câteva zile lumea pe care o cunoșteam ar fi putut-o lua razna în halul ăsta? A dispărut viața socială, s-au interzis toate adunările, de la meciurile de fotbal până la ședințele Alcoolicilor Anonimi, s-au închis școlile, universitățile, restaurantele, cafenelele, librăriile, magazinele și multe altele. De călătorit, nici vorbă. Milioane de persoane și-au pierdut slujbele. Speriați, oamenii fac provizii de alimente și produse. Mai întâi s-a terminat hârtia igienică; nu găsesc explicația. Cine are economii la bancă își scoate banii și îi ține la saltea. Bursa de Valori s-a prăbușit. Economiei de consum nesustenabile i-a sosit ceasul adevărului. Străzile sunt pustii, orașele sunt tăcute, națiunile sunt speriate și suntem mulți cei care punem sub semnul întrebării civilizația în care trăim.

Totuși, nu există doar vești rele. Poluarea a scăzut, apa canalelor Veneției e limpede, cerul deasupra Beijingului a redevenit albastru, printre zgârie-norii din New York cântă păsărelele. Rudele, prietenii, colegii și vecinii comunică între ei și își fac curaj. Îndrăgostiții indeciși plănuiesc să trăiască împreună de cum se va termina izolarea. Brusc, ne-am dat seama cât de importantă este dragostea.

Pesimiștii spun că e vorba de o distopie, de science-fiction, că oamenii, divizați în triburi sălbatice, vor sfârși prin a se devora ca în romanul terifiant *Drumul* de Cormac McCarthy. Realiștii spun că asta va trece ca atâtea alte catastrofe din istorie și că va trebui să gestionăm consecințele pe termen lung. Optimiștii credem că e zgâlțâiala de care am avut nevoie pentru a îndrepta lucrurile, o șansă unică pentru a face schimbări profunde. A început ca o criză sanitară, dar e mult mai mult, e o criză de guvernare, de *leadership*, de relații umane, de valori și de mod de viață pe pământ. Nu putem continua o civilizație bazată pe materialism deșănțat, lăcomie și violență.

Este timpul reflexiei. Ce fel de lume ne dorim? Iată, cred eu, întrebarea cea mai importantă a acestui timp, cea pe care trebuie să și-o pună orice bărbat și orice femeie conștientă, întrebarea pe care Califul din Bagdad ar fi trebuit să o pună hoțului din basmul cel vechi.

Ne dorim o lume în care să existe frumusețea, nu doar cea pe care o percepi cu simțurile, ci aceea pe care o vezi cu inima deschisă și mintea limpede. Ne dorim o planetă curată, protejată de orice formă de agresiune. Ne dorim o civilizație echilibrată, sustenabilă, bazată pe respect reciproc, pe respect față de alte specii și față de natură. Ne dorim o civilizație inclusivă și egalitară, fără discriminare de gen, rasă, clasă, vârstă sau orice alt criteriu care ne-ar putea separa. Ne dorim o lume amabilă în care să domnească pacea, empatia, decența, adevărul și compasiunea. Și mai presus de toate, ne dorim o lume veselă. Asta visăm noi, ursitoarele bune. Nu e o fantezie, ci un proiect; toate împreună îl vom putea realiza.

Când va trece Coronavirusul vom ieși din bârlog și vom păși cu grijă într-o nouă normalitate; primul lucru va fi să ne îmbrățișăm pe stradă. Cât de mult ne-a lipsit contactul cu oamenii! Vom sărbători fiecare întâlnire și ne vom îngriji cu drag de aspectele inimii.

Mulțumiri

Lui Lori Barra și Sarah Hillsheim, pentru treaba excelentă pe care o fac la fundația mea.

Lui Lluís Miquel Palomares, Maribel Luque și Johannei Castillo, agenții mei, care au avut ideea să scriu despre feminism.

Núriei Tey, lui David Trías și Jennifer Hershey, editorii mei de la Plaza & Janés și Ballantine.

Kavitei Ramdas, mentora noastră de la fundație, pentru că mi-a împărtășit cunoștințele ei despre situația femeii în lume.

Laurei Palomares, pentru că m-a lămurit în legătură cu tinerele feministe.

Lui Lauren Cuthberg, pentru că mi-a redactat traducerea în engleză.

Eroinelor cu care mă întâlnesc zilnic prin intermediul fundației mele, care mi-au povestit viața lor și au inspirat această carte.

Feministelor care m-au format în tinerețe și continuă să mă îndrume.

La prețul de vânzare se adaugă 2%,
reprezentând valoarea timbrului literar.